马克思主义中国化与统一战线丛书

道路自信

中国特色社会主义道路的历史根基

何霜梅 等◎著

人民出版社

编 者 说 明

中央社会主义学院是中国共产党领导的统一战线性质的高等政治学院，是民主党派和无党派人士的联合党校，是统一战线人才教育培养的主阵地，是开展党的统一战线工作的重要部门，是党和国家干部教育培训体系的重要组成部分。坚持社会主义办学方向，充分发挥统一战线人才培养基地、理论研究基地、方针政策宣传基地作用，是中央社会主义学院的神圣职责和光荣使命。

近年来，为深入学习习近平新时代中国特色社会主义思想，贯彻落实习近平总书记致中央社院建院60周年贺信精神，中央社院坚持"社院姓社"，突出政治培训，相继开展了模块化教学、"十个讲清楚"教培项目、"共识教育"核心课程建设等一系列教学改革，持续探索建立教育培训新机制。2019年下半年，学院党组进一步组织实施"马克思主义中国化与统一战线"学科建设，策划了第一批项目30余个，并明确要求，这批项目要以习近平新时代中国特色社会主义思想为指导，贯彻落实习近平总书记关于加强和改进统一战线工作的重要思想，贯彻落实《中国共产党统一战线工作条例》《社会主义学院工作条例》精神，努力构建"四个自信"的学理体系，突出"以学术讲政治、以文化育共识"的教改思路与导向，体现鲜明的统战特色和社院特点。

时任党组书记、第一副院长潘岳对这批项目高度重视，亲自参与项目策划、审定内容大纲，还多次关心、督促项目进展。院党组副书记、副院长赵凡为项目建设倾注了大量心血，多次协调项目的审读和出版事宜。在项目建设的领导组织实施过程中，袁莎、朱沛丰、徐永全、徐绍刚等院领导班子其他成员给予了大力支持和全力保障，原院党组成员、教务长吴剑平也发挥了重要作用。在院党组的坚强领导下，在教务部、科研部、行管部、机关党委等有关部门的大力支持配合下，经过马克思主义理论教研部、统战理论教研部、中华文化教研部相关教师的艰苦努力，项目陆续完成研发，最终形成了这批文稿。在项目研发过程中，中央党校、中国社会科学院、清华大学、中国人民大学、浙江大学等多家单位的学界同仁给予了大力支持和帮助。"中央社院统一战线高端智库"为项目的前期研发提供了资金支持。值得指出的是，本批项目的出版单位人民出版社是中央社院的战略合作单位。在人民出版社领导的关心支持和多位编辑老师的辛勤付出下，项目才得以尽早地呈现给广大读者。

在项目即将出版之际，谨向所有为项目研发出版做出贡献的单位和同志表示衷心的感谢。同时，由于水平有限、经验不足，文稿中难免存在不够周全和妥当之处，还恳请读者朋友批评指正，以便再版时修订。

中央社会主义学院教材编审委员会办公室

2021 年 8 月 16 日

目 录 >>>>>>>>>
ONTENTS

第 一 章
导　　论

　　道路和道路自信，是一个问题的两个方面，二者相互依存。有了道路，才会有道路自信；反之，有道路自信，道路才真实存在。如果失去了信心，道路则会名存实亡。因此，道路关乎党的命脉和事业成败，也就意味着道路自信关乎党的命脉和事业成败。道路自信，是中国特色社会主义理想信念的重要体现，是中国特色社会主义"四个自信"的重要组成部分。中国特色社会主义道路自信、理论自信、制度自信和文化自信，是习近平总书记在庆祝中国共产党成立95周年大会上正式提出的，是对党的十八大上提出的"三个自信"的拓展和完善。道路自信和理论自信、制度自信、文化自信共同构成了一个有机统一的整体，缺一不可，理论自信是基础，制度自信是保障，文化自信是根基，而道路自信则关系着路径的实现。中国特色社会主义道路自信研究，是实现对中国特色社会主义道路自信的自觉认知和自觉行动的必然要求。通过加强中国特色社会主义道路自信研究，回答关于道路自信的一系列重要理论问题，澄清认识，这本身就是增强"四个意识"、坚定"四个自信"的具体体现。

第一节　中国特色社会主义道路自信研究的现实意义

　　"心有所信，方能行远。面向未来，走好新时代的长征路，我们更需要坚定理想信念、矢志拼搏奋斗。"① 中国特色社会主义道路自信研究，着眼于中国特色社会主义道路的历史根基这一视角，以马克思主义中国化为主线，紧紧围绕中国特色社会主义道路"何以自信"这一核心，重点回答中国特色社会主义道路的历史必然性、特色和优势、实现路径、世界历史意义等重点问题，对于推进中国特色社会主义道路自信理论研究，澄清认识，提升道路自信的理论自觉和行动自觉，进一步坚定"四个自信"，具有重大理论和现实意义。

一、有助于坚定中国特色社会主义理想信念，增强应对风险挑战的信心

道路自信关乎事业成败。党的十八大报告指出："道路关乎党的命脉，关乎国家前途、民族命运、人民幸福。""九十多年来，我们党紧紧依靠人民，把马克思主义基本原理同中国实际和时代特征结合起来，独立自主走自己的路，历经千辛万苦，付出各种代价，取得革命建设改革伟大胜利，开创和发展了中国特色社会主义，从根本上改变了中国人民和中华民族的前途命运。"② 道路来之不易，道路的坚守、坚持与不断向前推进需要一代又一代人在前人经过艰辛努力打下的基础上继续前行，需要后人接过接力棒去传承。在这代代相传的历史进程中，不只有平坦大道，也会有坎坷崎岖和激流险滩，这就需要我们不断坚定自信，始终做到不迷惑、不摇摆、不畏惧，神清气定、稳步前行、开拓进取。从某种意义上来说，道路自信关乎中国特色社会主义事业的成败，关乎中华民族伟大复兴能否实现。人们常说，信心比黄金更可贵。信心足，干劲足；心中充满希望，才会拥有战胜困难和风险挑战的勇气与力量。信心背后隐含着对前进方向正确性、目标明确性、内涵真理性和实现路径科学性的高度认知和认可。

---

① 《习近平给复旦大学青年师生党员回信勉励广大党员　在学思践悟中坚定理想信念　在奋发有为中践行初心使命》，《人民日报》2020 年 7 月 1 日。
② 胡锦涛：《坚定不移沿着中国特色社会主义道路前进　为全面建成小康社会而奋斗——在中国共产党第十八次全国代表大会上的报告》，人民出版社 2012 年版，第 10 页。

方向明，脚步坚定，自信才会形成。心怀信心和希望，中国特色社会主义道路才会前途光明，伟大事业才会走向成功。

道路自信源于实践创新。实践是检验真理的唯一标准。2016 年，在庆祝中国共产党成立 95 周年大会上的讲话中，习近平总书记指出："中国特色社会主义不是从天上掉下来的，是党和人民历尽千辛万苦、付出巨大代价取得的根本成就。"① 2020 年，习近平总书记在全国劳动模范和先进工作者表彰大会上的讲话中再次强调："社会主义是干出来的，新时代是奋斗出来的。"② 中国特色社会主义道路，是中国共产党带领中国人民取得革命、建设、改革伟大成功，实现从站起来、富起来到强起来的伟大征程中开创和发展出来的人间正道。道路自信与中国特色社会主义相伴而生，它的生命力来自中国特色社会主义实践。信心就产生于实干之中。不脚踏实地地干，不实实在在地走，就不能辨别是非真假。中国特色社会主义实践，是中国特色社会主义道路自信的源头活水。实践是没有止境的，它是一个不断向前推进的历史过程。道路自信需要一代又一代人的接力前行。

道路自信成于理论创新。道路自信离不开对道路的认知，而对道路的认知源于实践创新中积累的感性经验，成于理论创新中产生的理性认识。有了理性认识，便有了对于道路的自觉。因此道路自信成于理论创新。关于道路的理论一经产生，便意味着我们对这条道路的规律和特征有了理性认识和清晰把握，也意味着我们对这条道路的信心在心中已经扎下根基，便不会像墙上草那样随风倒，也不会被前进道路上的各种困难吓倒，如此才会认准目标一往无前。因此，道路自信不仅仅是干出来的，也是在"实践—认识—再实践—再认识"的循环反复中不断进行理论概括总结和深化的结果。它既来自实践中历史经验教训的深刻总结，也来自同世界上其他国家发展道路的比较分析，更来自运用马克思主义科学世界观和方法论对中国特色社会主义建设发展规律的自觉把握。新时代中国特色社会主

① 《习近平谈治国理政》第二卷，外文出版社 2017 年，第 36 页。
② 习近平：《在全国劳动模范和先进工作者表彰大会上的讲话》，《人民日报》2020 年 11 月 25 日。

义面临新挑战、新问题，一方面要继续发扬实干精神，同时要加强理论研究，推进马克思主义中国化进程，推进中国化马克思主义理论成果不断与时俱进，以理论创新的形式巩固和传承新时代中国特色社会主义伟大实践取得的新成果和新经验，从而进一步坚定道路自信。理论上清醒的认识和高度自觉，是道路自信的必要前提。中国特色社会主义道路自信与理论自信、制度自信、文化自信是一个有机统一的整体，加强道路自信理论研究，才能深刻把握四者之间的辩证关系。

在新时代伟大征程上，我们越是接近中华民族伟大复兴，所面临的来自国内外的各种风险挑战就越大，就越是需要立定脚跟，不断增强战胜困难的勇气和自信。坚定的信心，就是希望的曙光。从抗击新冠肺炎疫情这场人民战争来看，应对重大突发性公共卫生事件，不仅需要强大的综合国力，更需要在以习近平同志为核心的党中央坚强领导下凝聚起强大的精神力量。在这强大的精神力量中，就包含着对中国特色社会主义道路的自信，包含着中华民族自强不息、团结一心、坚强勇敢的民族品格和民族自信心。加强道路自信研究，有助于进一步坚定中国特色社会主义理想信念，增强战胜各种风险和挑战的勇气与力量。

二、有助于画好同心圆，凝聚起中华民族最广泛的力量

中国特色社会主义道路是一个不断向前推进的历史过程。在这一伟大征程中，我们不可能总是一帆风顺，难免会遇到激流险滩、沟沟坎坎。进入 21 世纪，世界充满了各种不确定因素。新一轮科技革命及其相伴随的信息技术、生物技术、人工智能等高科技的诞生，极大地提高了生产力水平，给人们的生产生活方式带来了巨大变革，但与此同时也带来了各种新问题和新挑战。各国都不同程度地面对国家治理水平落后、发展不均衡、生态危机等引发的治理难题。由于全球性危机的存在、大国间竞争的加剧、国际关系的错综复杂，国家治理过程中随时可能遇到各类突发性风险。应对这些风险挑战，我们必须团结一切可以团结的力量，汇聚起新时代的民族伟力，才能最终取得胜利。团结力量，汇聚伟力，首先要凝聚共识。

　　坚持走中国特色社会主义道路，推进中国特色社会主义伟大事业，就是我们凝聚中华民族最广泛力量，实现中华民族伟大复兴的最大的政治共识。只有达成共识，才能团结一心；只有团结一心，才能形成坚不可摧的伟大力量。中国近代以来180多年的历史、新中国成立70多年的历史和改革开放40多年的历程，越来越证明中国特色社会主义虽历经磨难，却越走越明，越走越宽。事实胜于雄辩，历史证明只有中国特色社会主义道路才能引领我们实现从站起来、富起来到强起来的伟大飞跃。大浪淘沙，只有中国特色社会主义道路才是能够解决中国问题、符合中国实际、能满足人民利益、深受人民拥护的人间正道。

　　中国特色社会主义道路是一条人间正道，它的强大优势是在新中国成立70多年披荆斩棘的奋斗中形成的，是中国共产党带领中国人民一步一个脚印踏踏实实干出来的，是在一次次磨难和考验中得到证实的，是西方资本主义国家由于受其制度弊端局限所难以复制的。然而西方一些势力却打着中国威胁论、中国崩溃论等不断对中国进行攻击。应对这些邪恶势力的挑战及造成的危害，一方面我们继续脚踏实地做好自己的事，用事实说话驳斥西方的谬论；另一方面要掌握好话语权，通过加强中国特色社会主义道路和道路自信研究，阐释好中国特色社会主义道路的科学内涵及特色和优势，讲好中国故事，向世界传达中国好声音。理，越辩越清；路，越走越明。推进中国特色社会主义道路自信研究，有助于画好同心圆，为中华民族伟大复兴凝聚起最广泛的力量。

三、有助于激浊扬清，进一步明确中国特色社会主义道路的前进方向

　　"方向决定道路，道路决定命运。""中国特色社会主义，既是我们必须不断推进的伟大事业，又是我们开辟未来的根本保证。"① 当前意识形

---

① 习近平：《在庆祝中国共产党成立95周年大会上的讲话》，人民出版社2016年版，第12页。

态领域斗争异常激烈。各种各样的社会思潮多如牛毛，其中产生较广泛社会影响的如新自由主义、历史虚无主义、民粹主义、民主社会主义、社群主义、新马克思主义、功利主义、市场社会主义等。它们当中，有的明确反对马克思主义、质疑社会主义，否定共产党和社会主义制度；有的提出改良社会主义；也有的名义上捍卫马克思主义，实质上替换了唯物史观而陷入唯心主义。这些纷繁复杂的思潮千变万化被一些人鼓吹宣传，企图混淆视听，扰乱人们思想，危害社会主义制度，冲击马克思主义指导地位和社会主义核心价值观。因此，继续推进中国特色社会主义事业，坚持走中国特色社会主义道路，始终离不开与这些错误思潮的坚决斗争。

激浊扬清，才能把好航向，推进中国特色社会主义始终朝着正确方向前行。回顾历史可以看到，马克思主义自产生至今，始终伴随着与错误思潮的斗争向前发展。马克思恩格斯正是在与自由主义、蒲鲁东主义、巴枯宁主义、杜林主义等反马克思主义的和机会主义的思潮进行斗争过程中，不断扫清前进道路上的荆棘障碍，为无产阶级指引了正确方向。也正是在斗争中，马克思主义哲学的阶级性、斗争性和真理性才越加鲜明。真金不怕火炼，真理越辩越明。

只有以马克思主义科学理论为指导，勇敢地与错误思潮斗争，坚决捍卫科学社会主义原则，捍卫习近平新时代中国特色社会主义思想，才能确保中国特色社会主义事业不断取得新胜利。在斗争中，理论工作者有责任指明各种错误思潮的片面性、局限性和危害性，帮助人们认清其实质，从而更加明确方向，坚定自信。这就要求我们必须加强中国特色社会主义道路自信研究，把中国特色社会主义道路的历史必然性、科学内涵、特色和优势、世界历史意义说清楚，把它与错误思潮的本质区别说清楚，达到激浊扬清的目的。

"社会主义学院是中国共产党领导的统一战线性质的政治学院，是民主党派和无党派人士的联合党校，是统一战线人才教育培养的主阵地，是开展党的统一战线工作的重要部门，是党和国家干部教育培训体系的重要组成部分。"① 广大党外代表人士是新时代爱国统一战线的重要组成部分，是新时代中国特色社会主义事业的重要建设者，是实现中华民族伟大复兴的重要力量。他们来社会主义学院学习的目的就是通过系统学习马克思主义基础理论，深刻理解习近平新时代中国特色社会主义思想，自觉接受中国共产党的领导，坚定中国特色社会主义"四个自信"。加强中国特色社会主义道路自信研究，就是要在条分缕析中，把握好中国特色社会主义道路的基本内涵和独特优势，有效回应各种错误思潮的冲击和挑战，讲清楚为什么既不能走"老路"，也不能走"邪路"，从而为广大学员答疑解惑，坚定"四个自信"，为实现中华民族伟大复兴凝聚人心、汇聚力量。

第二节　中国特色社会主义道路自信的概念辨析

"中国特色社会主义""中国特色社会主义道路"和"中国特色社会主义道路自信"，是既相互关联又有区别的三个概念。中国特色社会主义，是以中国特色社会主义共同理想为追寻的道路、理论体系、制度和文化的统一体。中国特色社会主义道路，是实现中国特色社会主义的必经路径。中国特色社会主义道路自信，是对实现中国特色社会主义的必经路径的确认和信心，也是对实现社会主义现代化强国和中华民族伟大复兴之路的坚定信念。在回答关于中国特色社会主义道路自信的若干问题之前，首先有必要对这三个概念进行明确界定。

一、中国特色社会主义

自从我国实行改革开放以来，国内外总是有一些人对中国特色社会主义和中国特色社会主义道路提出各种质疑。他们把我国通过改革开放解放和发展生产力、积极借鉴人类社会发展的有益成果，错误地看成是在走资

---

① 中共中央统战部、中央社会主义学院编：《〈社会主义学院工作条例〉学习读本》，华文出版社 2020 年版，第 9 页。

本主义道路，试图用"中国特色资本主义"来替换"中国特色社会主义"。这些杂音噪音极大地混淆了人们对中国特色社会主义和中国特色社会主义道路的科学认识。鉴于此，我们必须首先要对"中国特色社会主义"的科学内涵进行明确界定与分析。

从本质上说，中国特色社会主义就是科学社会主义，而不是别的什么主义。习近平总书记指出："科学社会主义基本原则不能丢，丢了就不是社会主义。"① "中国特色社会主义，是科学社会主义理论逻辑和中国社会发展历史逻辑的辩证统一，是根植于中国大地、反映中国人民意愿、适应中国和时代发展进步要求的科学社会主义，是全面建成小康社会、加快推进社会主义现代化、实现中华民族伟大复兴的必由之路。"② 这个论断简明深刻地回答了什么是社会主义：坚持科学社会主义基本原则，才是真正的社会主义。

20世纪初，科学社会主义传入中国，改变了近代中国社会的历史进程，也改变了中国人民和中华民族的命运。进入21世纪，面对生态危机、社会危机、恐怖主义等全球性问题，"世界各国的社会主义者都试图寻求一种既避免苏东社会主义模式的弊端，又不同于资本主义模式的发展道路，因而导致各种社会主义思潮全面复苏，并产生了越来越大的影响"③，其中主要包括民主社会主义、市场社会主义、生态社会主义和新社会主义等。我们既要看到这些社会主义思潮关怀民生、提倡民主、关注生态、注重公平的理论价值，又要看清它们与科学社会主义的本质区别。无论这些社会主义思潮怎样变形，其试图在不触动资本主义制度前提下寻求改良道路的实质并未改变。中国特色社会主义，与这些形形色色的新老社会主义思潮有着根本区别，它坚持的是科学社会主义基本原则。

中国特色社会主义是科学社会主义基本原则与当代中国实际和时代特

---

① 《习近平谈治国理政》，外文出版社2014年版，第22页。
② 《习近平谈治国理政》，外文出版社2014年版，第21页。
③ 陈跃、孔卫英：《当代世界社会主义思潮的特征及其走向》，《江汉论坛》2014年第4期。

点紧密结合的产物。习近平总书记指出："在当代中国，坚持和发展中国特色社会主义，就是真正坚持社会主义。"① 中国特色社会主义，既坚持了科学社会主义基本原则，又根据时代条件赋予其鲜明的中国特色，以全新的视野深化了对共产党执政规律、社会主义建设规律、人类社会发展规律的认识，从理论和实践结合上系统回答了在中国这样人口多底子薄的东方大国建设什么样的社会主义、怎样建设社会主义这个根本问题。"实践充分证明，中国特色社会主义是当代中国发展进步的根本方向，只有中国特色社会主义才能发展中国。"②

坚持中国特色社会主义，就是要坚定中国特色社会主义理想信念，坚持中国特色社会主义道路，坚持中国特色社会主义理论体系，坚持中国特色社会主义制度，坚持中国特色社会主义文化。在中国特色社会主义这个统一体中，理想信念是前进方向，道路是实现路径，理论体系是行动指南，制度是根本保障，文化是根基，它们统一于中国特色社会主义伟大实践中。

二、中国特色社会主义道路

关于中国特色社会主义道路的内涵，我们党经历了一个认识和深化的过程。从"中国特色社会主义"这一科学命题的提出，到中国特色社会主义道路的确立和发展，党对中国特色社会主义道路内涵的认识逐步深化。

1982 年 9 月，邓小平在党的十二大上向全党、全国人民明确提出："把马克思主义的普遍真理同我国的具体实际结合起来，走自己的道路，建设有中国特色的社会主义，这就是我们总结长期历史经验得出的基本结论。"③ 此后，我们党开始探索建设中国特色社会主义的伟大实践。进入

---

① 《习近平谈治国理政》，外文出版社 2014 年版，第 9 页。
② 胡锦涛：《坚定不移沿着中国特色社会主义道路前进　为全面建成小康社会而奋斗——在中国共产党第十八次全国代表大会上的报告》，人民出版社 2012 年版，第 13 页。
③ 《邓小平文选》第三卷，人民出版社 1993 年版，第 3 页。

21 世纪，在中国特色社会主义道路经过 20 多年探索取得巨大成就的基础上，我们党对中国特色社会主义道路的内涵有了更加深入的认识。2003 年 12 月，胡锦涛同志在纪念毛泽东诞辰 110 周年座谈会上的讲话中指出："我们要坚持的道路，就是邓小平同志开辟的、以江泽民同志为核心的党的第三代中央领导集体坚持并发展了的中国特色社会主义道路。坚持这条道路，就要坚持中国共产党领导和社会主义制度，坚持并在实践中不断完善有利于推动中国特色社会主义事业蓬勃发展的各方面的体制制度和方针政策，更好实现社会主义现代化和中华民族伟大复兴。"① 2007 年，党的十七大报告中系统地阐述了这一道路的内涵："中国特色社会主义道路，就是在中国共产党领导下，立足基本国情，以经济建设为中心，坚持四项基本原则，坚持改革开放，解放和发展社会生产力，巩固和完善社会主义制度，建设社会主义市场经济、社会主义民主政治、社会主义先进文化、社会主义和谐社会，建设富强民主文明和谐的社会主义现代化国家。"② 2012 年，党的十八大报告中进一步阐述了中国特色社会主义道路的科学含义："中国特色社会主义道路，就是在中国共产党领导下，立足基本国情，以经济建设为中心，坚持四项基本原则，坚持改革开放，解放和发展社会生产力，建设社会主义市场经济、社会主义民主政治、社会主义先进文化、社会主义和谐社会、社会主义生态文明，促进人的全面发展，逐步实现全体人民共同富裕，建设富强民主文明和谐的社会主义现代化国家。"③

与党的十七大报告的表述相比较，这一论述引人注目地增加了"社会主义生态文明""促进人的全面发展""逐步实现全体人民共同富裕"三个方面的新内容，深刻反映了我们党对中国特色社会主义道路科学内涵

---

① 《胡锦涛文选》第二卷，人民出版社 2016 年版，第 141 页。

② 胡锦涛：《高举中国特色社会主义伟大旗帜　为夺取全面建设小康社会新胜利而奋斗——在中国共产党第十七次全国代表大会上的报告》，人民出版社 2007 年版，第 11 页。

③ 胡锦涛：《坚定不移沿着中国特色社会主义道路前进　为全面建成小康社会而奋斗——在中国共产党第十八次全国代表大会上的报告》，人民出版社 2012 年版，第 12 页。

认识的深化。

从党的十八大关于"中国特色社会主义道路"的表述来看，"中国特色社会主义道路"的科学涵义包括以下几个方面。

第一，坚持中国共产党的领导。走中国特色社会主义道路，必须坚持中国共产党的领导。中国特色社会主义道路，从最初的探索到开创，从艰难地向前推进到新时代的坚持与发展，自始至终离不开中国共产党的领导。可以说，没有中国共产党的领导就没有中国特色社会主义道路。中国共产党是中国特色社会主义事业的领导核心。中国共产党领导是中国特色社会主义最本质的特征。

第二，立足于总依据。走中国特色社会主义道路，必须立足于总依据。"党的十八大强调，建设中国特色社会主义，总依据是社会主义初级阶段"①。当代中国的最大国情、最大实际，就是社会主义初级阶段。社会主义初级阶段理论的形成经历了一个过程。早在1981年，党的十一届六中全会通过的《关于建国以来党的若干历史问题的决议》就提出了"我们的社会主义制度还是处于初级的阶段"②的重要论断，党的十三大报告对社会主义初级阶段问题第一次做了专门而又系统的阐发，标志着社会主义初级阶段理论的形成。中国还处于社会主义初级阶段这一论断包括两层含义：一是我国社会已经是社会主义社会；二是我国的社会主义社会还处于初级阶段。进入新时代，我国仍处于社会主义初级阶段这一基本国情没有变，推进中国特色社会主义伟大事业必须立足于这一基本国情。党的十九大报告再次强调："必须认识到，我国社会主要矛盾的变化，没有改变我们对我国社会主义所处历史阶段的判断，我国仍处于并将长期处于社会主义初级阶段的基本国情没有变，我国是世界最大发展中国家的国际

---

① 《习近平谈治国理政》，外文出版社2014年版，第10页。
② 《中国共产党中央委员会关于建国以来党的若干历史问题的决议》，人民出版社1981年版，第53页。

地位没有变。"① 党的十九届五中全会明确了"我国进入新发展阶段"的战略判断。习近平总书记在省部级主要领导干部学习贯彻党的十九届五中全会精神专题研讨班开班式上的重要讲话中，作出了"新发展阶段是社会主义初级阶段中的一个阶段，同时是其中经过几十年积累、站到了新的起点上的一个阶段"② 的重要论断。这一论断进一步丰富和发展了社会主义初级阶段理论的科学内涵。

第三，坚持基本路线。走中国特色社会主义道路，必须坚持基本路线。"一个中心、两个基本点"是这条基本路线的简明概括。这条基本路线是来之不易的，是逐渐形成的。党的十一届三中全会在总结历史经验的基础上，开始形成"一个中心、两个基本点"的基本思想，奠定了新时期党的基本路线的基础。党的十二大提出了党在新的历史时期的总任务，党的十三大在提出社会主义初级阶段理论的基础上，明确提出和概括了党在社会主义初级阶段的基本路线。党的十九大报告明确指出："全党要牢牢把握社会主义初级阶段这个基本国情，牢牢立足社会主义初级阶段这个最大实际，牢牢坚持党的基本路线这个党和国家的生命线、人民的幸福线，领导和团结全国各族人民，以经济建设为中心，坚持四项基本原则，坚持改革开放，自力更生，艰苦创业，为把我国建设成为富强民主文明和谐美丽的社会主义现代化强国而奋斗。"③ 这一概括说明，"一个中心、两个基本点"是中国特色社会主义道路内涵的核心内容，因为这是"党和国家的生命线""人民的幸福线"。走中国特色社会主义道路，必须牢牢坚持党在社会主义初级阶段的基本路线。

第四，强调总布局。走中国特色社会主义道路，必须强调总布局。这

① 习近平：《决胜全面建成小康社会　夺取新时代中国特色社会主义伟大胜利——在中国共产党第十九次全国代表大会上的报告》，人民出版社 2017 年版，第 12 页。
② 《习近平在省部级主要领导干部学习贯彻党的十九届五中全会精神专题研讨班开班式上发表重要讲话强调　深入学习坚决贯彻党的十九届五中全会精神　确保全面建设社会主义现代化国家开好局》，《人民日报》2021 年 1 月 12 日。
③ 习近平：《决胜全面建成小康社会　夺取新时代中国特色社会主义伟大胜利——在中国共产党第十九次全国代表大会上的报告》，人民出版社 2017 年版，第 12 页。

个总布局指的就是"五位一体"总体布局,它强调了中国特色社会主义建设的全面性和总体协调性。具体来说,强调总布局,就要坚持"以经济建设为中心,在经济不断发展的基础上,协调推进政治建设、文化建设、社会建设、生态文明建设以及其他各方面建设"①。这里的"生态文明建设",在党的十八大报告中被首次纳入中国特色社会主义事业总体布局,体现了生态文明建设地位和作用的日益凸显,也体现了我们党对社会主义建设规律在实践和认识上的不断深化,目的是促进生产关系与生产力、上层建筑与经济基础相协调。

第五,明确总任务。走中国特色社会主义道路,必须明确总任务。"总任务是实现社会主义现代化和中华民族伟大复兴"②。实现总任务,是中国共产党的初心和使命,因为我们党从成立那天起就肩负着实现中华民族伟大复兴的历史使命。实现社会主义现代化,就是把我国建设成为"富强民主文明和谐美丽的社会主义现代化强国"③。这里的"富强民主文明和谐美丽",既明确了实现社会主义现代化强国的行动纲领,又指出了走中国特色社会主义道路的具体路径,即按照"五位一体"总体布局,推进中国特色社会主义经济建设、政治建设、文化建设、社会建设和生态文明建设。中国共产党领导人民进行革命建设改革,建设富强民主文明和谐美丽的社会主义现代化国家,最终目标就是"要让中国人民富裕起来,国家强盛起来,振兴伟大的中华民族"④。

三、中国特色社会主义道路自信

党的十八大报告指出:"全党要坚定这样的道路自信、理论自信、制

---

① 《习近平谈治国理政》,外文出版社 2014 年版,第 11 页。
② 《习近平谈治国理政》,外文出版社 2014 年版,第 10 页。
③ 习近平:《决胜全面建成小康社会　夺取新时代中国特色社会主义伟大胜利——在中国共产党第十九次全国代表大会上的报告》,人民出版社 2017 年版,第 19 页。
④ 《习近平谈治国理政》,外文出版社 2014 年版,第 12 页。

度自信！"① 这是党中央首次明确提出关于坚定中国特色社会主义道路自信（下文中将"中国特色社会主义道路自信"简称为"道路自信"）的科学论断。党的十八大以来，习近平总书记多次在讲话中强调要坚定中国特色社会主义道路自信。在庆祝中国共产党成立95周年大会上的讲话中，习近平总书记指出："当今世界，要说哪个政党、哪个国家、哪个民族能够自信的话，那中国共产党、中华人民共和国、中华民族是最有理由自信的。"②

党的十八大以来，以习近平同志为核心的党中央团结带领全党和全国各族人民，统筹推进"五位一体"总体布局、协调推进"四个全面"战略布局，坚定不移贯彻落实新发展理念，在改革发展稳定，内政国防外交、治党治国治军等各方面都取得历史性成就，极大地推进了中国特色社会主义伟大事业，进一步坚定了道路自信。在此背景下，党的十九大报告向全世界宣告："经过长期努力，中国特色社会主义进入了新时代，这是我国发展新的历史方位。"③ 站在这一新的历史方位，道路自信是中国特色社会主义伟大事业继续向前推进的重要前提和力量之源，同时中国特色社会主义在新时代取得的实践成果又必将为道路自信不断注入新的内涵。

自党的十八大明确提出"道路自信"概念以来，学术界纷纷围绕这一主题展开理论研究，取得了一系列重要成果。学者们从不同角度对"道路自信"作了概念上的界定。概括起来，主要包括两个方面：一是从历史的纵深角度来看，道路自信孕育成长于中国近代以来从站起来到富起来向强起来飞跃的历史进程，既是对中国共产党一百年来带领中国人民所取得的革命、建设和改革开放伟大成就的确认，也是对在习近平新时代中国特色社会主义思想指引下沿着中国特色社会主义道路继续推进中国特色

---

① 胡锦涛：《坚定不移沿着中国特色社会主义道路前进　为全面建成小康社会而奋斗——在中国共产党第十八次全国代表大会上的报告》，人民出版社2012年版，第16页。

② 习近平：《在庆祝中国共产党成立95周年大会上的讲话》，人民出版社2016年版，第12页。

③ 习近平：《决胜全面建成小康社会　夺取新时代中国特色社会主义伟大胜利——在中国共产党第十九次全国代表大会上的报告》，人民出版社2017年版，第10页。

社会主义事业的高度认同，同时也包含着对全面建设社会主义现代化国家，实现中华民族伟大复兴的坚定信心。二是从中外比较的视角来看，道路自信形成于既不走封闭僵化的老路也不走改旗易帜的邪路，而是走既符合时代特征又适合中国国情的中国特色之路。除了历史的视角和比较的视角，还有学者从理论的、实践的和人民的视角对"道路自信"概念进行了分析和界定。

在党的十八大首次提出道路自信、理论自信和制度自信的基础上，习近平总书记随后又多次提出"文化自信"，并强调文化自信是基础，增强文化自觉和文化自信是坚定道路自信、理论自信和制度自信的题中应有之义。在哲学社会科学工作座谈会上的讲话中习近平总书记说："我们说要坚定中国特色社会主义道路自信、理论自信、制度自信，说到底是要坚定文化自信。文化自信是更基本、更深沉、更持久的力量。历史和现实都表明，一个抛弃了或者背叛了自己历史文化的民族，不仅不可能发展起来，而且很可能上演一场历史悲剧。"① 2016 年在纪念中国共产党成立 95 周年大会上的讲话中，习近平总书记重申"文化自信，是更基础、更广泛、更深厚的自信。在 5000 多年文明发展中孕育的中华优秀传统文化，在党和人民伟大斗争中孕育的革命文化和社会主义先进文化，积淀着中华民族最深层的精神追求，代表着中华民族独特的精神标识"②。党的十九大报告明确提出："全党要更加自觉地增强道路自信、理论自信、制度自信、文化自信，既不走封闭僵化的老路，也不走改旗易帜的邪路，保持政治定力，坚持实干兴邦，始终坚持和发展中国特色社会主义。"③ 随后，关于中国特色社会主义道路自信、理论自信、制度自信、文化自信的重要论述，又写入了党的十九大通过的最新修订的《中国共产党章程》之中。

道路自信与理论自信、制度自信和文化自信共同构成了一个统一的不

① 《习近平谈治国理政》第二卷，外文出版社 2017 年版，第 339 页。
② 《习近平谈治国理政》第二卷，外文出版社 2017 年版，第 36 页。
③ 习近平：《决胜全面建成小康社会 夺取新时代中国特色社会主义伟大胜利——在中国共产党第十九次全国代表大会上的报告》，人民出版社 2017 年版，第 17 页。

可分割的整体。道路自信，指的是对中国特色社会主义实现路径的自信，具体来说意味着对中国特色社会主义经济建设、政治建设、文化建设、社会建设和生态文明建设实践所取得伟大成绩的充分肯定，是对"五位一体"总体布局正确性的高度确认。理论自信，指的是对中国特色社会主义理论体系科学性的自信，在新时代指的是习近平新时代中国特色社会主义思想真理性的自信，以及对新时代中国特色社会主义建设规律性的把握和理论认识的高度自觉。制度自信，指的是对中国特色社会主义制度的自信。这里的"制度"包括支撑中国特色社会主义制度的根本制度、基本制度、重要制度，即党的领导制度体系、人民当家作主制度体系、中国特色社会主义法治体系、中国特色社会主义行政体制、社会主义基本经济制度、繁荣发展社会主义先进文化的制度、统筹城乡的民生保障制度、共建共治共享的社会治理制度、生态文明制度体系、党对人民军队的绝对领导制度、"一国两制"制度体系、独立自主的和平外交政策、党和国家监督体系。① 文化自信，指的是对中国特色社会主义的历史根柢，即中华民族优秀文化基因的高度认同和自信，是对中华优秀传统文化和美德、革命文化和社会主义先进文化的高度认同和自信。

中国特色社会主义道路、理论体系、制度和文化是一个内在关联的有机整体。同理，中国特色社会主义道路自信和理论自信、制度自信、文化自信之间也形成了一个内在关联的有机整体。当我们强调道路自信时，同时也意味着对中国特色社会主义理论体系、中国特色社会主义制度、中国特色社会主义文化的自信。

第三节　中国特色社会主义道路的发展历程

中国的基本国情，决定了中国走向现代化、探索民族复兴的道路必然

---

① 参见《中共中央关于坚持和完善中国特色社会主义制度　推进国家治理体系和治理能力现代化若干重大问题的决定》，人民出版社 2019 年版，第 6—40 页。

与众不同。以毛泽东同志为主要代表的中国共产党人，把马克思主义基本原理与中国实际相结合，带领全国人民经过艰苦卓绝的斗争取得了新民主主义革命和社会主义革命的伟大胜利，确立了社会主义基本制度。这是中国历史"三千年未有之大变局"。社会主义制度在中国的确立，为中国社会的一切发展进步奠定了根本政治前提和制度基础，为中国走上国富民强的社会主义现代化康庄大道提供了根本保障。以毛泽东同志为核心的党的第一代中央领导集体带领全党全国各族人民，为探索适合中国国情的社会主义建设道路进行了艰辛的探索，为开创中国特色社会主义道路提供了宝贵经验、理论准备、物质基础。在此基础上，以邓小平同志为核心的党的第二代中央领导集体带领全党全国各族人民深刻总结我国社会主义建设正反两方面经验，借鉴世界社会主义的历史经验，成功开创了中国特色社会主义道路。此后，中国共产党人立足新的实践，推进和拓展中国特色社会主义道路，不断赋予中国特色社会主义道路新的内涵。进入新时代，习近平新时代中国特色社会主义思想开辟了马克思主义新境界，为坚持和发展中国特色社会主义道路提供了科学的行动指南，引领中国特色社会主义道路进入新阶段。

一、中国特色社会主义道路的早期探索

中国特色社会主义道路的早期探索有着深厚的社会历史背景。1956年，随着社会主义改造的基本完成和社会主义基本制度的确立，"如何建设社会主义"就成为摆在全党和全国人民面前的一个全新历史课题。在中国共产党领导下，全国人民开始积极探索中国社会主义建设道路。此时，国际国内环境发生新变化。"在国内，党和国家的工作重心开始转移到发展生产力这一方面来，新建立的生产关系还不完善，单一公有制和高度集中的计划经济开始暴露出问题，实际生活中出现不少新的社会矛盾。国际上，1956年2月举行的苏联共产党第二十次代表大会，尖锐揭露和批判了斯大林领导苏联社会主义建设中的严重错误以及对他的个人崇拜造成的严重后果，但也存在严重的偏差，在社会主义阵营引起极大震动和思

想混乱。""苏联在社会主义建设过程中暴露出来的一些问题和错误，对于正在寻求自己的社会主义建设道路的中国共产党人来说，无疑是非常重要的警示。"① 在此背景下，"毛泽东同志对适合中国情况的社会主义建设道路进行了艰苦探索。他以苏联的经验教训为鉴戒，提出要创造新的理论、写出新的著作，把马克思列宁主义基本原理同中国实际进行'第二次结合'，找出在中国进行社会主义革命和建设的正确道路，制定把我国建设成为一个强大的社会主义国家的战略思想"②。为找到适合中国情况的社会主义建设道路，经过充分细致的调查研究，1956 年 4 月毛泽东在中央政治局扩大会议上做了《论十大关系》的讲话，这是开启中国特色社会主义道路早期探索的一个主要标志。

　　《论十大关系》是中国特色社会主义道路早期探索取得的重要理论成果。这篇讲话提出了十个问题，也就是十大关系，包括：重工业和轻工业、农业的关系，沿海工业和内地工业的关系，经济建设和国防建设的关系，国家、生产单位和生产者个人的关系，中央和地方的关系，汉族和少数民族的关系，党和非党的关系，革命和反革命的关系，是非关系，中国和外国的关系。③ "十大关系"是从对我国经济建设问题的总结和对苏联经验的鉴戒中提出来的，明确了中国的社会主义建设必须从中国实际国情出发、走自己的道路这一根本思想。在讲话中，毛泽东指出："提出这十个问题，都是围绕着一个基本方针，就是要把国内外一切积极因素调动起来，为社会主义事业服务。"④ "我们一定要努力把党内党外、国内国外的一切积极的因素，直接的、间接的积极因素，全部调动起来，把我国建设成为一个强大的社会主义国家。"⑤ 这一论断集中体现了毛泽东关于怎样建设社会主义的根本指导思想。《论十大关系》全篇贯穿着马克思主义唯

---

① 中共中央党史研究室：《中国共产党的九十年》，中共党史出版社、党建读物出版社 2016 年版，第 465—466 页。
② 《十八大以来重要文献选编》（上），中央文献出版社 2014 年版，第 691 页。
③ 参见《毛泽东文集》第七卷，人民出版社 1999 年版，第 24—41 页。
④ 《毛泽东文集》第七卷，人民出版社 1999 年版，第 23 页。
⑤ 《毛泽东文集》第七卷，人民出版社 1999 年版，第 44 页。

物辩证法和唯物史观，体现了坚持马克思主义基本原理与中国实际相结合，推进了马克思主义中国化。1957年2月，毛泽东在最高国务会议第十一次（扩大）会议上做《如何处理人民内部的矛盾》的讲话。讲话稿经补充修改后，以《关于正确处理人民内部矛盾的问题》为题在6月19日《人民日报》公开发表。"毛泽东关于社会主义社会基本矛盾的论断，第一次科学地揭示了社会主义社会发展的动力，实际上为后来的社会主义改革奠定了理论基础"①。《论十大关系》《关于正确处理人民内部矛盾的问题》等著作的发表，是中国特色社会主义道路的早期艰苦探索中取得的重要理论成果，为后来中国特色社会主义道路的开创提供了重要的理论准备。

1956年9月党的八大的召开，标志着对适合中国国情的社会主义建设道路的艰辛探索取得了初步成果。党的八大的政治报告以《论十大关系》为指导思想，突出经济建设的主题，集中了党在探索过程中提出的新的理论观点和方针政策，凝聚了全党的经验与智慧。党的八大正确分析了国内形势和国内主要矛盾的变化，明确规定了党和全国人民在新形势下的主要任务，指出"我国国内的主要矛盾已经是人民对于建立先进的工业国的要求同落后的农业国的现实之间的矛盾，已经是人民对于经济文化迅速发展的需要同当前经济文化不能满足人民需要的状况之间的矛盾"②。这些论述的着眼点在于突出我国生产力发展还比较落后这一基本国情，强调全党要集中力量去发展生产力。党的八大以后的进一步探索和"一五"计划的完成为社会主义建设事业的发展奠定了重要基础。这一时期，"在中国共产党领导下，我国各族人民意气风发投身中国历史上从来不曾有过的热气腾腾的社会主义建设。在不长的时间里，我国社会就发生了翻天覆地的变化，建立起独立的比较完整的工业体系和国民经济体系，独立研制

---

① 中共中央党史研究室：《中国共产党的九十年》，中共党史出版社、党建读物出版社2016年版，第485页。
② 中共中央党史研究室：《中国共产党的九十年》，中共党史出版社、党建读物出版社2016年版，第473页。

出'两弹一星'，成为在世界上有重要影响的大国，积累起在中国这样一个社会生产力水平十分落后的东方大国进行社会主义建设的重要经验"①。中国共产党带领全国人民取得的社会主义建设的基础性成就，为中国特色社会主义道路的开创提供了重要条件，为"我们党和人民事业胜利发展、为中华民族阔步赶上时代发展潮流创造了根本前提，奠定了坚实的理论和实践基础"②。

以毛泽东同志为核心的党的第一代中央领导集体，从中国具体国情出发对苏联模式进行了系统研究和反思，从理论和实践两方面对如何建设社会主义进行了艰难探索，为中国特色社会主义道路的探索作出了重大贡献。对于中国特色社会主义早期艰难探索的历史，党的十八大报告作出了总结和评价："以毛泽东同志为核心的党的第一代中央领导集体带领全党全国各族人民完成了新民主主义革命，进行了社会主义改造，确立了社会主义基本制度，成功实现了中国历史上最深刻最伟大的社会变革，为当代中国一切发展进步奠定了根本政治前提和制度基础。在探索过程中，虽然经历了严重曲折，但党在社会主义建设中取得的独创性理论成果和巨大成就，为新的历史时期开创中国特色社会主义提供了宝贵经验、理论准备、物质基础。"③

二、中国特色社会主义道路的开创

解放思想，实事求是，是开创中国特色社会主义道路的重要前提。"文化大革命"结束后，"中国向何处去"成为摆在中国人民面前的头等重要问题。思想是行动的先导。实践创新与理论创新密不可分。1978年11月，中央工作会议召开，会议解决了一批重大历史遗留问题。在12月13日的闭幕会上，邓小平作了题为《解放思想，实事求是，团结一致向

---

① 《十八大以来重要文献选编》（上），中央文献出版社2014年版，第691页。
② 《十八大以来重要文献选编》（上），中央文献出版社2014年版，第691页。
③ 胡锦涛：《坚定不移沿着中国特色社会主义道路前进　为全面建成小康社会而奋斗——在中国共产党第十八次全国代表大会上的报告》，人民出版社2012年版，第10页。

前看》的重要讲话。这个讲话实际上是随后召开的党的十一届三中全会的主题报告。在这篇重要讲话中，邓小平首先提出"解放思想是当前的一个重大政治问题"，"只有思想解放了，我们才能正确地以马列主义、毛泽东思想为指导，解决过去遗留的问题，解决新出现的一系列问题，正确地改革同生产力迅速发展不相适应的生产关系和上层建筑，根据我国的实际情况，确定实现四个现代化的具体道路、方针、方法和措施"。① 邓小平同志的这篇讲话对当时人们解放思想起到了至关重要的作用，对于探索和确立适合中国情况的社会主义现代化建设之路具有重要指导意义。"只有解放思想，坚持实事求是，一切从实际出发，理论联系实际，我们的社会主义现代化建设才能顺利进行"②。因为只有解放思想，才能了解当时中国真正的实际；只有真正做到一切从实际出发，才能实现马克思主义普遍真理与当代中国实际的相结合，才能在以毛泽东同志为核心的党的第一代中央领导集体所取得的社会主义建设成果基础上继续前行，推进马克思主义中国化的历史进程，找到和确立真正适合中国情况的社会主义现代化建设道路。

党的十一届三中全会作出把党的工作中心转移到经济建设上来，实行改革开放的历史性决策，开启了我国改革开放和社会主义现代化建设新时期。③ 1978 年 12 月 18 日到 22 日，党的十一届三中全会在北京召开。这次会议的主要任务是确定把全党工作重点转移到社会主义现代化建设上来。围绕全党工作重点转移，全会还在一系列重大历史和现实问题上作出了重大决策。全会高度评价关于真理标准问题的讨论，提出了改革开放的任务，讨论了民主法制问题和经济问题，阐发了对外开放方针和重视科学、教育的方针。全会在坚持实事求是地解决历史遗留问题的同时，按照历史实际充分肯定毛泽东的伟大功绩。"我国的改革开放由这次全会揭开

① 《邓小平文选》第二卷，人民出版社 1994 年版，第 141 页。
② 《邓小平文选》第二卷，人民出版社 1994 年版，第 143 页。
③ 参见中共中央党史研究室：《中国共产党的九十年》，中共党史出版社、党建读物出版社 2016 年版，第 644 页。

了序幕，邓小平理论也逐步形成和发展起来。这一切，显示了党顺应时代潮流和人民愿望、勇敢开辟中国特色社会主义道路的坚强决心，标志着中国共产党人在新的时代条件下的伟大觉醒，正是这个伟大觉醒，孕育了新时期从理论到实践的伟大创造。从这时起，中国共产党人和中国人民踏上了建设中国特色社会主义新的伟大征程，以一往无前的进取精神和波澜壮阔的创新实践，开创和发展中国特色社会主义。"① 党的十一届三中全会实现了新中国成立以来党的历史上具有深远意义的伟大转折。1979 年 3 月，受党中央委托，邓小平在党的理论工作务虚会上发表题为《坚持四项基本原则》的讲话。他充分肯定了党的十一届三中全会的重大意义，同时"针对党内和社会上出现的错误思潮，他从关系党和国家前途命运全局的高度，重申并深刻阐述了在中国为什么必须坚持四项基本原则这个根本性的思想政治问题。他旗帜鲜明地指出，中央认为，要在中国实现四个现代化，必须在思想上政治上坚持社会主义道路、坚持无产阶级专政即人民民主专政、坚持共产党的领导、坚持马列主义毛泽东思想这四项基本原则"②。邓小平同志指出，坚持四项基本原则是实现四个现代化的根本前提。"如果动摇了这四项基本原则中的任何一项，那就动摇了整个社会主义事业，整个现代化建设事业。"③ 这篇讲话为开创中国特色社会主义道路奠定了政治思想基础。

党的十二大提出建设有中国特色的社会主义的重大命题。在"中国特色社会主义"这个概念正式提出之前，关于中国特色社会主义道路的探索就开始了。1981 年党的十一届六中全会通过了《关于建国以来党的若干历史问题的决议》，对中国特色社会主义道路的基本内容从十个方面作了初步的概括，其中包括经济建设是中心，经济建设要从我国国情出

---

① 中共中央党史研究室：《中国共产党的九十年》，中共党史出版社、党建读物出版社 2016 年版，第 660 页。
② 中共中央党史研究室：《中国共产党的九十年》，中共党史出版社、党建读物出版社 2016 年版，第 663 页。
③ 《邓小平文选》第二卷，人民出版社 1994 年版，第 173 页。

发，必须变革生产关系等。会议强调指出："三中全会以来，我们党已经逐步确立了一条适合我国情况的社会主义现代化建设的正确道路。这条道路还将在实践中不断充实和发展，但是它的主要点，已经可以从建国以来正反两方面的经验、特别是'文化大革命'的教训中得到基本的总结。"① 会议所作的概括实质上初步提出了在中国建设什么样的社会主义和怎样建设社会主义的问题。"《决议》对于统一全党、全军、全国各族人民的思想认识，同心同德，为实现新的历史任务而奋斗，产生了深远影响。"② 1982 年 9 月，党的十二大召开，邓小平同志在开幕词中提出："我们的现代化建设，必须从中国的实际出发。无论是革命还是建设，都要注意学习和借鉴外国经验。但是，照抄照搬别国经验、别国模式，从来不能得到成功。这方面我们有过不少教训。把马克思主义的普遍真理同我国的具体实际结合起来，走自己的道路，建设有中国特色的社会主义，这就是我们总结长期历史经验得出的基本结论。"③ 从党的十一届六中全会对中国特色社会主义道路基本内容的初步概括，到党的十二大提出"有中国特色的社会主义"，这标志着关于中国特色社会主义的探索更加深入了。1984 年 10 月，党的十二届三中全会通过《关于经济体制改革的决定》，总结新中国成立以来特别是党的十一届三中全会以来经济体制改革的经验，初步提出和阐明了经济体制改革的一系列重大理论和实践问题。关于"有中国特色的社会主义"，邓小平同志指出，"什么叫社会主义，什么叫马克思主义？我们过去对这个问题的认识不是完全清醒的。马克思主义最注重发展生产力。……社会主义阶段的最根本任务就是发展生产力"④。"社会主义要消灭贫穷。贫穷不是社会主义，更不是共产主义。"⑤

---

① 《中国共产党中央委员会关于建国以来党的若干历史问题的决议》，人民出版社 1981 年版，第 54 页。
② 中共中央党史研究室：《中国共产党的九十年》，中共党史出版社、党建读物出版社 2016 年版，第 668 页。
③ 《邓小平文选》第三卷，人民出版社 1993 年版，第 2—3 页。
④ 《邓小平文选》第三卷，人民出版社 1993 年版，第 63 页。
⑤ 《邓小平文选》第三卷，人民出版社 1993 年版，第 63—64 页。

这些论述深化了对"有中国特色的社会主义"这个概念内涵的认识。

1987 年 10 月，党的十三大报告指出："在中国这样落后的东方大国中建设社会主义……必须从国情出发，把马克思主义基本原理同中国实际结合起来，在实践中开辟有中国特色的社会主义道路。"① 党的十三大报告确立了中国特色社会主义道路内涵的基本要点。"在社会主义初级阶段，我们党的建设有中国特色的社会主义的基本路线是：领导和团结全国各族人民，以经济建设为中心，坚持四项基本原则，坚持改革开放，自力更生，艰苦创业，为把我国建设成为富强、民主、文明的社会主义现代化国家而奋斗。"② 报告阐明了当代中国正处于社会主义初级阶段，并规定和概括了社会主义初级阶段的总路线，也就是中国特色社会主义道路的基本要点即"一个中心"和"两个基本点"，并分析了"四项基本原则"和"改革开放"之间的辩证关系。中国特色社会主义道路基本内涵的确立，标志着中国特色社会主义道路的成功开创。

邓小平同志作为改革开放和社会主义现代化的总设计师，对开创中国特色社会主义道路作出了历史性的重大贡献。党的十八大报告指出："以邓小平同志为核心的党的第二代中央领导集体带领全党全国各族人民深刻总结我国社会主义建设正反两方面经验，借鉴世界社会主义历史经验，作出把党和国家工作中心转移到经济建设上来、实行改革开放的历史性决策，深刻揭示社会主义本质，确立社会主义初级阶段基本路线，明确提出走自己的路、建设中国特色社会主义，科学回答了建设中国特色社会主义的一系列基本问题，成功开创了中国特色社会主义。"③

三、中国特色社会主义道路的推进

党的十三大以后，国际国内出现风波和变局，我国社会主义建设面临

---

① 《十三大以来重要文献选编》（上），人民出版社 1991 年版，第 11 页。
② 《十三大以来重要文献选编》（上），人民出版社 1991 年版，第 15 页。
③ 胡锦涛：《坚定不移沿着中国特色社会主义道路前进　为全面建成小康社会而奋斗——在中国共产党第十八次全国代表大会上的报告》，人民出版社 2012 年版，第 11 页。

新的风险和挑战。当时，刚刚经过苏联解体、东欧剧变，国际共产主义运动陷入了低潮。在这种形势下，不少人思想上存在困惑，对中国的改革存在疑问。1992 年邓小平同志发表南方谈话。针对姓"资"姓"社"、计划多点还是市场多点等一系列问题，邓小平同志提出了"改革也是解放生产力""计划和市场都是手段""三个有利于"等重要论断，并阐述了社会主义本质论。他指出"社会主义的本质，是解放生产力，发展生产力，消灭剥削，消除两极分化，最终达到共同富裕"①。南方谈话回应了人们的质疑，澄清了认识，又一次解放了思想，坚定了推进改革的信心和决心。

1992 年 10 月党的十四大报告总结了十一届三中全会以来的实践经验，概括了建设有中国特色社会主义理论的主要内容，并把建设有中国特色社会主义理论和党的基本路线写进了党章。这个理论第一次比较系统地初步回答了中国这样的经济文化比较落后的国家如何建设社会主义、如何巩固和发展社会主义的一系列基本问题，是马克思主义同中国实际相结合的最新成果，是当代中国的马克思主义。党的十四大作出了三项具有深远意义的重大决策。一是抓住机遇，加快发展，集中精力把经济建设搞上去。二是明确我国经济体制改革的目标是建立社会主义市场经济体制。三是确立邓小平建设有中国特色社会主义理论在全党的指导地位。以邓小平南方谈话和党的十四大为标志，中国改革开放和社会主义现代化建设进入新的发展阶段。②

1997 年 9 月，在世纪之交的关键时刻，中国共产党第十五次全国代表大会在北京召开。这次大会首次使用"邓小平理论"这个概念，把邓小平理论同马克思列宁主义、毛泽东思想一起作为党的指导思想写入党章，确立邓小平理论为党的指导思想。"这是党经过近 20 年改革开放和社会主义现代化建设的成功实践作出的历史性决策。作出这个决策，表明

---

① 《邓小平文选》第三卷，人民出版社 1993 年版，第 373 页。

② 参见中共中央党史研究室：《中国共产党的九十年》，中共党史出版社、党建读物出版社 2016 年版，第 797—801 页。

中央领导集体和全党把邓小平开创的中国特色社会主义全面推向前进的决心和信念，也反映了全国人民的共识和心愿。"① 党的十五大报告，进一步回答了怎样建设社会主义的问题。

在新世纪之交和新的千年之初，国际形势风云变幻，各国之间综合实力竞争相当激烈，西方敌对势力西化、分化我国的图谋没有改变。在此背景下，如何在发展社会主义市场经济条件下加强和改进党的建设，就成为一个重大的历史性课题。1994 年 9 月，党的十四届四中全会作出《关于加强党的建设几个重大问题的决定》，把党的建设提到了"新的伟大工程"的高度，明确提出了党的建设的总目标和总任务。在此基础上，党的十五大着重提出建设一个什么样的党、怎样建设党的问题。2000 年 2 月 21 日至 25 日，江泽民同志在广东考察工作期间指出："总结我们党七十多年的历史，可以得出一个重要结论，这就是：我们党所以赢得人民的拥护，是因为我们党在革命、建设、改革的各个历史时期，总是代表着中国先进生产力的发展要求，代表着中国先进文化的前进方向，代表着中国最广大人民的根本利益，并通过制定正确的路线方针政策，为实现国家和人民的根本利益而不懈奋斗。"② "三个代表"重要思想的提出，提醒全党要在加强党的建设方面研究和解决新情况、新问题，体现了中国共产党人与时俱进的理论品质和开拓进取的创新精神，为全党应对 21 世纪新挑战、完成自己承担的神圣历史使命，做了重要的思想理论准备。

党的十八大报告指出："以江泽民同志为核心的党的第三代中央领导集体带领全党全国各族人民坚持党的基本理论、基本路线，在国内外形势十分复杂、世界社会主义出现严重曲折的严峻考验面前捍卫了中国特色社会主义，依据新的实践确立了党的基本纲领、基本经验，确立了社会主义市场经济体制的改革目标和基本框架，确立了社会主义初级阶段的基本经

---

① 中共中央党史研究室：《中国共产党的九十年》，中共党史出版社、党建读物出版社 2016 年版，第 813 页。

② 《江泽民文选》第三卷，人民出版社 2006 年版，第 2 页。

济制度和分配制度，开创全面改革开放新局面，推进党的建设新的伟大工程，成功把中国特色社会主义推向二十一世纪。"①

四、中国特色社会主义道路的拓展

跨入 21 世纪，中国进入全面建设小康社会、加快推进社会主义现代化的发展新阶段。2002 年 11 月，中国共产党第十六次全国代表大会在北京召开。这是党在新世纪召开的第一次全国代表大会。党的十六大向世人昭示："在新世纪新阶段，中国共产党高举的旗帜，就是马克思列宁主义、毛泽东思想和邓小平理论的旗帜，就是'三个代表'重要思想的旗帜；中国共产党要走的道路，就是中国特色社会主义道路；中国共产党带领人民在新世纪前 50 年所要实现的目标，就是全面建设小康社会并进而实现现代化的目标。"② 这次大会系统总结了党的十三届四中全会以来 13 年奋斗历程和基本经验，进一步丰富了中国特色社会主义的内涵。党的十六大通过的《中国共产党章程（修正案）》，把"三个代表"重要思想同马克思列宁主义、毛泽东思想、邓小平理论一道，作为党必须长期坚持的指导思想写入党章，这是十六大的一个历史性决策和贡献。③

21 世纪初，在应对突如其来的非典风险考验过程中，中国共产党人开始深入思考中国特色社会主义的本质特征。2003 年，一场突发性的、非典型肺炎给广大人民群众生命安全带来威胁，也给经济发展、公共卫生事业和社会管理带来一系列新挑战。在全力抗击非典疫情的过程中，经济社会发展中存在的薄弱环节也充分暴露出来。人们开始思考：发展到底为了什么？我们应该"实现什么样的发展""怎样发展"？一系列新问题摆上议事日程，逐渐成为人们日益关切的话题。在此背景下，2003 年 7 月，

① 胡锦涛：《坚定不移沿着中国特色社会主义道路前进　为全面建成小康社会而奋斗——在中国共产党第十八次全国代表大会上的报告》，人民出版社 2012 年版，第 11 页。
② 中共中央党史研究室：《中国共产党的九十年》，中共党史出版社、党建读物出版社 2016 年版，第 889 页。
③ 参见中共中央党史研究室：《中国共产党的九十年》，中共党史出版社、党建读物出版社 2016 年版，第 893 页。

胡锦涛同志在全国防治非典工作会议上的讲话中指出："促进经济社会协调发展，是建设中国特色社会主义的必然要求，也是全面建设小康社会的必然要求。我们讲发展是党执政兴国的第一要务，这里的发展绝不只是指经济增长，而是要坚持以经济建设为中心，在经济发展的基础上实现社会全面发展。我们要更好坚持全面发展、协调发展、可持续发展的发展观，更加自觉地坚持推动社会主义物质文明、政治文明、精神文明协调发展，坚持在经济社会发展的基础上促进人的全面发展，坚持促进人与自然的和谐。"① 这段话强调了"全面发展""协调发展""可持续发展"等核心理念，这些理念的提出既是对非典疫情下所暴露问题的回应，也是对"社会主义应该实现什么样的发展"问题的回答，蕴含着科学发展观的雏形和对中国特色社会主义本质特征的深入思考与探索。

科学发展观的创立，以理论创新推进中国特色社会主义道路的发展。2003 年 10 月，胡锦涛同志在党的十六届三中全会第二次全体会议上的讲话中，阐明了树立和落实科学发展观的必然性和必要性。他强调指出："树立和落实科学发展观，这是二十多年改革开放实践的经验总结，是战胜非典疫情给我们的重要启示，也是推进全面建设小康社会的迫切要求。"② 胡锦涛同志这篇讲话着眼于全面建设小康社会的目标，从理论与实践的结合上，从正反两个方面对照中，阐明和论证了科学发展观的必要性和正确性，体现了理论创新与实践创新的相统一，再次实现了马克思主义基本原理与当代中国实际的相结合，推进了马克思主义中国化的进程，推进了中国特色社会主义道路的向前发展。

2007 年 10 月，党的十七大报告提出，高举中国特色社会主义伟大旗帜，坚持中国特色社会主义道路，首次对中国特色社会主义理论体系作了概括，首次全面系统地阐述了"中国特色社会主义道路"的科学内涵："中国特色社会主义道路，就是在中国共产党领导下，立足基本国情，以

---

① 《胡锦涛文选》第二卷，人民出版社 2016 年版，第 67 页。
② 《胡锦涛文选》第二卷，人民出版社 2016 年版，第 104 页。

经济建设为中心，坚持四项基本原则，坚持改革开放，解放和发展社会生产力，巩固和完善社会主义制度，建设社会主义市场经济、社会主义民主政治、社会主义先进文化、社会主义和谐社会，建设富强民主文明和谐的社会主义现代化国家。"① 而且，报告特别指出，"在当代中国，坚持中国特色社会主义道路，就是真正坚持社会主义"②。报告强调，"改革开放以来我们取得一切成绩和进步的根本原因，归结起来就是：开辟了中国特色社会主义道路，形成了中国特色社会主义理论体系。高举中国特色社会主义伟大旗帜，最根本的就是要坚持这条道路和这个理论体系"③。党的十七大创造性地提出并深刻阐述了中国特色社会主义理论体系，将科学发展观写入党章，这是一个重大的理论贡献。

新世纪新阶段，以胡锦涛同志为总书记的党中央抓住重要战略机遇期，"在全面建设小康社会进程中推进实践创新、理论创新、制度创新，强调坚持以人为本、全面协调可持续发展，提出构建社会主义和谐社会、加快生态文明建设，形成中国特色社会主义事业总体布局，着力保障和改善民生，促进社会公平正义，推动建设和谐世界，推进党的执政能力建设和先进性建设，成功在新的历史起点上坚持和发展了中国特色社会主义"④。

五、新时代中国特色社会主义道路的坚持与发展

习近平新时代中国特色社会主义思想开辟了马克思主义新境界，为中国特色社会主义道路的坚持与发展提供了科学的行动指南。

2012 年 11 月，党的十八大召开。党的十八大是在我国进入全面建成小康社会决定性阶段召开的一次十分重要的大会。坚持和发展中国特色社

---

① 《十七大以来重要文献选编》（上），中央文献出版社 2009 年版，第 9 页。
② 《十七大以来重要文献选编》（上），中央文献出版社 2009 年版，第 9 页。
③ 《十七大以来重要文献选编》（上），中央文献出版社 2009 年版，第 8—9 页。
④ 胡锦涛：《坚定不移沿着中国特色社会主义道路前进　为全面建成小康社会而奋斗——在中国共产党第十八次全国代表大会上的报告》，人民出版社 2012 年版，第 11—12 页。

会主义，是这次大会贯穿始终的一条主线。党的十八大报告强调，"中国特色社会主义道路，中国特色社会主义理论体系，中国特色社会主义制度，是党和人民九十多年奋斗、创造、积累的根本成就，必须倍加珍惜、始终坚持、不断发展"①。党的十八大以来，以习近平同志为核心的党中央，团结带领全国各族人民开创了党和国家事业发展新局面，成功开辟了中国特色社会主义新境界。

2017 年党的十九大报告宣布："经过长期努力，中国特色社会主义进入了新时代，这是我国发展新的历史方位。"②"新时代"有着深刻的内涵，主要体现为三个方面：第一，中国特色社会主义进入新时代，意味着近代以来久经磨难的中华民族迎来了从站起来、富起来到强起来的伟大飞跃，迎来了实现中华民族伟大复兴的光明前景；第二，中国特色社会主义进入新时代，意味着科学社会主义在 21 世纪的中国焕发出强大生机活力，在世界上高高举起了中国特色社会主义伟大旗帜；第三，中国特色社会主义进入新时代，意味着中国特色社会主义道路、理论、制度、文化不断发展，拓展了发展中国家走向现代化的途径，给世界上那些既希望加快发展又希望保持自身独立性的国家和民族提供了全新选择，为解决人类问题贡献了中国智慧和中国方案。③"新时代"的提出，标志着中国特色社会主义道路的实践开启了新的征程，步入了一个新的发展阶段。

党的十九大的一个重大历史贡献，就是在报告中把十八大以来党的理论创新成果概括为新时代中国特色社会主义思想，并在十九大通过的党章修正案中把习近平新时代中国特色社会主义思想确立为我们党的行动指南，实现了党的指导思想的又一次与时俱进。习近平新时代中国特色社会主义思想的产生有着深刻的时代背景。中国特色社会主义进入新时代，我

---

① 胡锦涛：《坚持不移沿着中国特色社会主义道路前进　为全面建成小康社会而奋斗——在中国共产党第十八次全国代表大会上的报告》，人民出版社 2012 年版，第 12 页。

② 习近平：《决胜全面建成小康社会　夺取新时代中国特色社会主义伟大胜利——在中国共产党第十九次全国代表大会上的报告》，人民出版社 2017 年版，第 10 页。

③ 参见习近平：《决胜全面建成小康社会　夺取新时代中国特色社会主义伟大胜利——在中国共产党第十九次全国代表大会上的报告》，人民出版社 2017 年版，第 10 页。

国社会主要矛盾已经发生了新变化，"已经转化为人民日益增长的美好生活需要和不平衡不充分的发展之间的矛盾"①。新时代出现的新情况新变化，给我们党提出了一个重大课题：在新的时代条件下坚持和发展什么样的中国特色社会主义、怎样坚持和发展中国特色社会主义。正是在回答这一时代新课题的伟大实践中，形成了习近平新时代中国特色社会主义思想。

习近平新时代中国特色社会主义思想拥有体现着鲜明时代特征的核心要义和丰富的内涵。它的核心要义，就是坚持和发展中国特色社会主义。坚持和发展中国特色社会主义，是改革开放以来我们党全部理论和实践的鲜明主题，党的十八大以来我们党的全部理论和实践探索都是围绕这个主题展开的。② 习近平新时代中国特色社会主义思想有着十分丰富的内涵，涵盖了经济、政治、文化、社会、民族、宗教、生态文明、国家安全、军队建设和统一战线等多个方面，其中最为核心的内容就是党的十九大报告概括的"八个明确"。习近平新时代中国特色社会主义思想，为新时代坚持和发展中国特色社会主义、推进党和国家事业提供了基本遵循。它为当代中国马克思主义作出的历史性贡献体现为：开辟了马克思主义新境界，开辟了中国特色社会主义新境界，开辟了治国理政新境界，开辟了管党治党新境界。习近平新时代中国特色社会主义思想之所以能够得到全党和全国各族人民的高度认同，并在实践中发挥了巨大指导作用，"根本原因就在于，它继承和发扬马克思主义理论品质，贯穿坚定信仰信念、鲜明人民立场、强烈历史担当、求真务实作风、勇于创新精神和科学方法论，呈现出当代中国马克思主义的鲜明理论特色"③。

---

① 习近平：《决胜全面建成小康社会　夺取新时代中国特色社会主义伟大胜利——在中国共产党第十九次全国代表大会上的报告》，人民出版社 2017 年版，第 11 页。
② 参见《党的十九大报告学习辅导百问》，党建读物出版社、学习出版社 2017 年版，第66 页。
③ 《党的十九大报告学习辅导百问》，党建读物出版社、学习出版社 2017 年版，第 72 页。

习近平新时代中国特色社会主义思想的主要创立者是习近平同志。习近平总书记以非凡的政治智慧和强烈的历史担当，团结带领全党全国各族人民进行具有许多新的历史特点的伟大斗争，推动党和国家事业全面开创了新局面，发生了历史性变革，赢得了全党全军全国各族人民高度评价和衷心爱戴，成为党中央的核心、全党的核心。习近平总书记为新时代中国特色社会主义思想的创立发挥了决定性作用、作出了决定性贡献。①

新时代中国特色社会主义建设实践中取得的伟大成就，为中国特色社会主义道路的坚持与发展提供了强大的物质基础。

中国特色社会主义进入新时代，党和国家发展进程中经历了很多个极不平凡。"党的十八大以来，党中央团结带领全党全国各族人民，全面审视国际国内新的形势，通过总结实践、展望未来，深刻回答了新时代坚持和发展什么样的中国特色社会主义、怎样坚持和发展中国特色社会主义这个重大时代课题"②。面对世界经济复苏乏力、局部冲突和动荡频发、全球性问题加剧的外部环境，面对我国经济发展进入新常态等一系列深刻变化，中国共产党带领全国各族人民迎难而上，开拓进取，坚持统筹推进"五位一体"总体布局、协调推进"四个全面"战略布局，坚持稳中求进工作总基调，对党和国家各方面工作提出一系列新理念新思想新战略，推动党和国家事业发生历史性变革，取得了改革开放和社会主义现代化建设的历史性成就。③

在习近平新时代中国特色社会主义思想的指引下，中国特色社会主义建设取得重大成就。"十三五"时期是全面建成小康社会决胜阶段。面对错综复杂的国际形势和新冠肺炎疫情严重冲击，"以习近平同志为核心的

---

① 参见《党的十九大报告学习辅导百问》，党建读物出版社、学习出版社 2017 年版，第 70 页。

② 习近平：《在庆祝改革开放 40 周年大会上的讲话》，人民出版社 2018 年版，第 8 页。

③ 参见习近平：《决胜全面建成小康社会　夺取新时代中国特色社会主义伟大胜利——在中国共产党第十九次全国代表大会上的报告》，人民出版社 2017 年版，第 2 页。

党中央不忘初心、牢记使命，团结带领全党全国各族人民砥砺前行、开拓创新，奋发有为推进党和国家各项事业"①。第一，坚定不移贯彻新发展理念，中国经济跃上新的大台阶。深入推进供给侧结构性改革，坚决端正发展观念、转变发展方式，发展质量和效益不断提升，发展更有含金量。2020年在百年不遇的新冠肺炎疫情突发、世界经济陷入二战结束以来最严重衰退的危急时刻，以习近平同志为核心的党中央准确判断、精心谋划、果断行动，统筹疫情防控和经济社会发展，不仅抗击新冠肺炎疫情斗争取得重大战略成果，还实现了新的突破。经济发展在极不平凡之年取得了极不平凡的、了不起的成就，推进我国经济实力、科技实力、综合国力都跃上新的大台阶，实现了经济运行总体平稳、经济结构持续优化的好成绩，同时对世界经济增长作出了重要贡献。第二，脱贫攻坚战取得全面胜利。党的十八大以来，党中央把脱贫攻坚摆在了治国理政的重要位置，组织开展了声势浩大的脱贫攻坚人民战争。8年来，党和人民发扬钉钉子精神，攻克了一个又一个贫中之贫、坚中之坚，取得了脱贫攻坚的重大历史性成就，实现了"现行标准下9899万农村贫困人口全部脱贫，832个贫困县全部摘帽，12.8万个贫困村全部出列，区域性整体贫困得到解决，完成了消除绝对贫困的艰巨任务，创造了又一个彪炳史册的人间奇迹"②。第三，人民生活水平显著提高，人民获得感显著增强。深入贯彻以人民为中心的发展思想，一大批惠民举措落地实施，建成了"世界上规模最大的社会保障体系，基本医疗保障覆盖超13亿人，基本养老保障覆盖近10亿人"③。社会治理体系更加完善，社会大局保持稳定，国家安全全面加强。第四，生态文明建设成效显著。大力度推进生态文明建设，全党全国贯彻绿色发展理念的自觉性和主动性显著增强，忽视生态环境保护的状况明显改变。

---

① 《党的十九届五中全会〈建议〉学习辅导百问》，党建读物出版社、学习出版社2020年版，第12—13页。
② 习近平：《在全国脱贫攻坚总结表彰大会上的讲话》，《人民日报》2021年2月26日。
③ 《2.3%，了不起的正增长!》，《人民日报》2021年1月19日。

进入新时代以来，中国特色社会主义建设所取得的伟大成就是全方位的、开创性的，解决了许多长期想解决而没有解决的难题，办成了许多过去想办而没有办成的大事，推动党和国家事业发生历史性变革。这些历史性变革，对党和国家事业发展具有重大而深远的影响。① 中国特色社会主义建设取得的各项伟大成就进一步增强了沿着中国特色社会主义道路前进的信心和勇气，为我们继续推进中国特色社会主义事业提供了强大的物质基础和优越条件。

新时代中国共产党领导和社会主义制度不断彰显出强大优势，为中国特色社会主义道路在新时代的坚持与发展凝聚了最广泛的人心和力量。

党的十八大以来，我们党把制度建设摆到了更加突出的位置。坚决破除一切妨碍发展的思想观念和体制机制弊端，不断构建完备的制度体系，使各方面制度更加成熟更加定型。党的十九大提出了 2035 年制度建设和治理能力建设的新目标。党的十九届二中、三中全会分别就修改宪法和深化党和国家机构改革作出部署，在制度建设和治理能力建设上迈出了新的重大步伐。党的十九届四中全会对支撑中国特色社会主义制度的根本制度、基本制度和重要制度进行了全面的总结和概括，对中国特色社会主义制度的强大优势进行了深刻分析。②

进入新时代，中国特色社会主义制度更加巩固和完善，国家治理体系和治理能力现代化水平显著提高，全社会发展活力和创新活力明显增强。走中国特色社会主义政治发展道路，坚持党的领导、人民当家作主、依法治国有机统一。第一，全面依法治国取得历史性成就。党的十八大以来，以习近平同志为核心的党中央着眼于中华民族伟大复兴战略全局和百年未有之大变局，把全面依法治国纳入"四个全面"战略布局，大力推进中国特色社会主义法治建设发生历史性变革。2020 年 11 月中央全面依法治

---

① 参见习近平：《决胜全面建成小康社会 夺取新时代中国特色社会主义伟大胜利——在中国共产党第十九次全国代表大会上的报告》，人民出版社 2017 年版，第 2—8 页。
② 参见《中共中央关于坚持和完善中国特色社会主义制度 推进国家治理体系和治理能力现代化若干重大问题的决定》，人民出版社 2019 年版，第 47—55 页。

国工作会议明确了习近平法治思想在全面依法治国中的指导地位，这在我国社会主义法治建设进程中是一件具有深远意义的大事。习近平法治思想的形成，标志着全面依法治国实践步入了新的历史高度。第二，民主建设迈出重大步伐。加强人民当家作主制度保障，发挥社会主义协商民主重要作用，推进社会主义协商民主广泛、多层、制度化发展，保证人民在日常政治生活中有广泛持续深入参与的权利。爱国统一战线巩固发展，民族宗教工作创新推进。第三，全面从严治党取得重大成果。自党的十八大以来，党中央制定并颁布实施了一系列党内法规和规范性文件，以党的政治建设为统领，全面推进党的政治建设、思想建设、组织建设、作风建设、纪律建设，把制度建设贯穿其中，全面提高党的建设科学化水平。不断完善党的领导体制机制，党内民主更加广泛。第四，思想文化建设取得重大进展，群众性精神文明创建活动扎实开展。党对意识形态工作的领导进一步加强，党的理论创新全面推进，马克思主义在意识形态领域的指导地位更加鲜明。中国特色社会主义和中国梦深入人心，社会主义核心价值观和中华优秀传统文化广泛弘扬。新时代的主旋律更加响亮，正能量更加强劲，中国特色社会主义文化自信得到彰显，国家文化软实力和中华文化影响力大幅提升，全党全社会思想上的团结统一更加巩固。① 进入新时代，中国共产党领导和社会主义制度不断彰显出的强大优势，进一步为中国特色社会主义事业凝心聚力，坚定了自信。

2020 年，面对一场突如其来的疫情，以习近平同志为核心的党中央团结带领全国各族人民凝心聚力、众志成城，取得了抗击疫情的重大胜利。习近平总书记亲自指挥亲自部署，多次主持召开中共中央政治局常委会、中央政治局会议和其他重要会议，多次深入地方实地调研，发表了一系列重要讲话，为抗疫胜利提供了科学的思想指引，为凝聚人心汇聚力量提供了巨大精神鼓舞和必胜信心。我国不仅很快控制了国内疫情，实现了

---

① 参见习近平：《决胜全面建成小康社会 夺取新时代中国特色社会主义伟大胜利——在中国共产党第十九次全国代表大会上的报告》，人民出版社 2017 年版，第 4—5 页。

有序复工复产，还及时给予世界上其他疫情发生国家援助，体现了国际主义精神，为人类命运共同体的构建作出了积极贡献，赢得了国际社会多方赞扬。"抗疫斗争伟大实践再次证明，中国共产党所具有的无比坚强的领导力，是风雨来袭时中国人民最可靠的主心骨。""中国特色社会主义制度所具有的显著优势，是抵御风险挑战、提高国家治理效能的根本保证。"① 抗疫斗争的伟大胜利，彰显了我国社会主义经济的雄厚物质基础和中国人民的强大精神力量，彰显了中华文明基因的深厚底蕴和伟力，彰显了中国特色社会主义道路的广阔前景，彰显了中国特色社会主义道路自信的历史必然。通过这次抗击疫情的考验，中国人民变得更加团结进取、刚毅自信了，中华民族的优秀传统和精神力量进一步传承和发扬光大了，中国共产党领导和社会主义制度的优越性更加巩固了，中国特色社会主义在成长中更加壮大和成熟了，中国特色社会主义道路的前景更加开阔和明朗了。

综上所述，中国特色社会主义道路的形成与发展是一个接力前行、代代传承的历史过程。"人们自己创造自己的历史，但是他们并不是随心所欲地创造，并不是在他们自己选定的条件下创造，而是在直接碰到的、既定的、从过去承继下来的条件下创造。"② 历史清楚地表明，中国特色社会主义道路，是在改革开放40多年的伟大实践中走出来的，是在新中国成立70多年的持续探索中走出来的，是在中国共产党成立100年的不懈奋斗中走出来的，是在近代以来180多年中华民族发展历程的深刻总结中走出来的，是在对中华民族5000多年悠久文明的传承中走出来的。历史充分证明，社会主义在中国落地生根，中国特色社会主义在中国形成发展，是合理的、必然的。③ 中国特色社会主义道路的早期探索、开创、推

① 习近平：《在全国抗击新冠肺炎疫情表彰大会上的讲话》，《人民日报》2020年9月9日。
② 《马克思恩格斯文集》第2卷，人民出版社2009年版，第470—471页。
③ 参见中共中央党史研究室：《中国共产党的九十年》，中共党史出版社、党建读物出版社2016年版，第1003页。

进、拓展、坚持与发展，是一个不断奋力拼搏的连续的历史过程。每一代人的努力都离不开前人通过艰辛探索和奋斗所取得的成果。正如习近平总书记在党史学习教育动员大会上的讲话中所说：学史明理，学史增信，学史崇德，学史力行。今天我们回顾中国特色社会主义道路的形成与发展史，正是为了进一步坚定自信，接力前行，推进中国特色社会主义伟大事业不断取得新胜利！

第四节　中国特色社会主义道路自信的科学依据

中国特色社会主义道路自信并不是无源之水、无本之木，它有着坚实的理论基础和令人信服的现实依据，体现着人们对于这条道路的优越性的确认和信心。道路自信就来自脚下这块大地。"大道之行，天下为公。站立在九百六十多万平方公里的广袤土地上，吸吮着五千多年中华民族漫长奋斗积累的文化养分，拥有十三亿多中国人民聚合的磅礴之力，我们走中国特色社会主义道路，具有无比广阔的时代舞台，具有无比深厚的历史底蕴，具有无比强大的前进定力。"① 这条道路，因为扎根在中国这块大地上才是适合我们自己的，从而才是代表人民根本利益、受到人民支持和拥护的。坚定中国特色社会主义道路自信，我们有充分的理由和科学依据。它的科学依据，就来自理论的科学性、制度优势、实践成就、人民的支持和多方比较。

一、来自理论的科学性

道路自信来源于引领中国特色社会主义道路的指导思想和理论的科学性。指导思想和理论的科学性既离不开马克思主义基本原理的真理性，又离不开它深深扎根于其中的中华文明的历史根基，它是马克思主义普遍原

---

① 习近平：《决胜全面建成小康社会　夺取新时代中国特色社会主义伟大胜利——在中国共产党第十九次全国代表大会上的报告》，人民出版社 2017 年版，第 70 页。

理与中国实际相结合的产物，体现了二者的辩证统一。

中国共产党成立100年来之所以取得辉煌伟业，新中国成立70多年之所以取得社会主义建设伟大成就，改革开放40多年之所以取得举世瞩目的巨大成功，都根源于中国共产党实事求是、与时俱进的理论品质，能够把马克思主义基本原理与中国实际相结合，一次次实现思想上的伟大飞跃，不断推进马克思主义中国化的历史进程，团结带领全国各族人民不断开创中国革命、建设和改革的新境界，实现理论创新和实践创新的有机统一。

一部百年中国共产党的历史，也是一部马克思主义中国化的历史。把马克思主义基本原理与中国实际相结合，推进马克思主义中国化的历史进程，不断产生中国化马克思主义的新成果，既是中国特色社会主义的鲜明特征，也是中国特色社会主义道路的显著优越性，更是我们对中国特色社会主义道路充满自信的重要来源和根据。习近平新时代中国特色社会主义思想就是对马列主义、毛泽东思想、邓小平理论、"三个代表"重要思想、科学发展观的继承与发展。它创造性地提出了一系列新思想、新观点、新论断，是马克思主义中国化的最新理论成果。新时代坚持走中国特色社会主义道路，就必须坚持以习近平新时代中国特色社会主义思想为指导。

二、来自制度优势

当今时代，"制度优势是一个国家的最大优势，制度竞争是国家间最根本的竞争。制度稳则国家稳。新中国成立70年来，中华民族之所以能迎来从站起来、富起来到强起来的伟大飞跃，最根本的是因为党领导人民建立和完善了中国特色社会主义制度，形成和发展了党的领导和经济、政治、文化、社会、生态文明、军事、外事等各方面制度，不断加强和完善国家治理"①。道路自信不仅来源于指导思想和理论的科学性与真理性，

---

① 习近平：《坚持和完善中国特色社会主义制度　推进国家治理体系和治理能力现代化》，《求是》2020年第1期。

还来源于中国特色社会主义道路拥有优越的制度保障，即中国特色社会主义制度。

党的十九届四中全会对中国特色社会主义制度与我国国家治理的关系进行了科学阐释，并集中概括了中国特色社会主义制度的强大优势。这次会议通过的《中共中央关于坚持和完善中国特色社会主义制度 推进国家治理体系和治理能力现代化若干重大问题的决定》（简称《决定》）指出："中国特色社会主义制度是党和人民在长期实践探索中形成的科学制度体系，我国国家治理一切工作和活动都依照中国特色社会主义制度展开，我国国家治理体系和治理能力是中国特色社会主义制度及其执行能力的集中体现。"① "实践证明，中国特色社会主义制度和国家治理体系是以马克思主义为指导、植根中国大地、具有深厚中华文化根基、深得人民拥护的制度和治理体系，是具有强大生命力和巨大优越性的制度和治理体系，是能够持续推动拥有近十四亿人口大国进步和发展、确保拥有五千多年文明史的中华民族实现'两个一百年'奋斗目标进而实现伟大复兴的制度和治理体系。"② 《决定》明确概括了我国国家制度和国家治理体系十三个方面的显著优势，并强调"这些显著优势，是我们坚定中国特色社会主义道路自信、理论自信、制度自信、文化自信的基本依据"③。

党的十九届四中全会的一个重大贡献，就是形成了中国特色社会主义制度的结构体系。中国特色社会主义制度结构体系的形成，在我国各方面制度走向更加成熟和更加定型的历史进程中具有里程碑式的意义。因为它不仅首次集中概括了中国特色社会主义制度的"十三个显著优势"，还首次把我国的制度体系划分为根本制度、基本制度、重要制度三个层次清晰

① 《中共中央关于坚持和完善中国特色社会主义制度 推进国家治理体系和治理能力现代化若干重大问题的决定》，人民出版社 2019 年版，第 1—2 页。
② 《中共中央关于坚持和完善中国特色社会主义制度 推进国家治理体系和治理能力现代化若干重大问题的决定》，人民出版社 2019 年版，第 2—3 页。
③ 《中共中央关于坚持和完善中国特色社会主义制度 推进国家治理体系和治理能力现代化若干重大问题的决定》，人民出版社 2019 年版，第 4 页。

的方面，同时又明确了"十三个坚持和完善"的战略部署和重大任务。这一结构体系的形成体现了多方面的开创性，其中就包括它首次明确党的领导制度是我国的根本领导制度，并提出了"党的领导制度体系"这一新的概念范畴。

坚持中国共产党的领导是中国特色社会主义制度最本质的特征，是中国特色社会主义理论落到实处、中国特色社会主义制度优越性充分发挥的根本保障。中国共产党是中国特色社会主义事业的领导核心。中国近现代历史已经充分证明，没有中国共产党就没有新中国，没有中国共产党就没有改革开放的伟大成就，没有中国共产党就没有中国特色社会主义的伟大事业。中国共产党领导和社会主义制度的强大优势，是中国特色社会主义道路自信的来源。

中国共产党的领导从政治上保证了中国特色社会主义事业的性质是社会主义的，是完全符合人民群众根本利益的，是完全符合中国先进生产力和先进文化的前进方向的。中国共产党领导从理论上保证了中国特色社会主义道路以科学社会主义基本原理为根本遵循。中国共产党领导从制度上保证了人民当家作主，这是与资本主义制度最本质的区别。一句话，只有在中国共产党领导下，才会有中国特色社会主义道路自信。

三、来自实践成就

道路自信不是凭空想象出来的，而是中国共产党带领全国各族人民脚踏实地干出来的。近些年来，"唱衰"和"捧杀"中国的各种声音不绝于耳，"中国威胁论"和"中国崩溃论"时时出来试图兴风作浪，但这些"妖怪"都没能阻止中国特色社会主义前进的步伐。习近平总书记在会见出席"2017从都国际论坛"的世界领袖联盟成员时的讲话中指出："新中国成立后，特别是改革开放近40年来，中国发生了翻天覆地的变化，已经成为世界第二大经济体，13亿人民生活不断改善，7亿多人实现脱贫。实践是检验真理的唯一标准。中国取得的历史性成就，坚定了我们坚持中国特色社会主义道路、理论、制度、文化的信心。"①时间能证明一切。几十年来，中国在经济增长、改善民生、科技进步、社会治理等方面取得的巨大成就令世人瞩目，为发展中国家探索现代化建设之路提供了有益借鉴，为人类社会的发展进步提供了中国智慧和中国方案。这些成就的取得就是中国特色社会主义道路自信的实践根据，它足以令每一个中国共产党党员和每一位中国人感到骄傲和自豪。中国特色社会主义理论的真理性、中国特色社会主义制度的优越性和中国特色社会主义道路的历史必然性最终都在实践中得以检验。

从经济建设角度来看，经济增长取得的成就创造了世界发展史上的奇迹。2018 年 12 月 18 日，习近平总书记在庆祝改革开放 40 周年大会上的讲话中指出："40 年来，我们始终坚持以经济建设为中心，不断解放和发展社会生产力，我国国内生产总值由 3679 亿元增长到 2017 年的 82.7 万亿元，年均实际增长 9.5%，远高于同期世界经济 2.9%左右的年均增速。我国国内生产总值占世界生产总值的比重由改革开放之初的 1.8%上升到 15.2%，多年来对世界经济增长贡献率超过 30%。我国货物进出口总额从 206 亿美元增长到超过 4 万亿美元，累计使用外商直接投资超过 2 万亿美元，对外投资总额达到 1.9 万亿美元。我国主要农产品产量跃居世界前列，建立了全世界最完整的现代工业体系，科技创新和重大工程捷报频传。我国基础设施建设成就显著，信息畅通，公路成网，铁路密布，高坝矗立，西气东输，南水北调，高铁飞驰，巨轮远航，飞机翱翔，天堑变通途。现在，我国是世界第二大经济体、制造业第一大国、货物贸易第一大国、商品消费第二大国、外资流入第二大国，我国外汇储备连续多年位居世界第一，中国人民在富起来、强起来的征程上迈出了决定性的步伐！"②在 2020 这个不平凡的年份，面对全球新冠肺炎疫情的大暴发和全球经济

---

① 《习近平谈治国理政》第三卷，外文出版社 2020 年版，第 133 页。
② 习近平：《在庆祝改革开放 40 周年大会上的讲话》，人民出版社 2018 年版，第 11—13 页。

衰退的严峻挑战，我国实现"经济总量首超100万亿元"① 的新突破，成为全球唯一实现经济正增长的主要经济体。沿着中国特色社会主义道路不断前行，我国经济增长的速度之快、持续时间之长，在人类历史上都是空前的，我们不仅实现了经济增长总量和规模的双增长，还实现了经济增长速度和质量的飞跃，创造了经济发展方面的奇迹。

从人民生活视角来看，提高和改善民生方面也创造了奇迹。我们推进中国特色社会主义建设事业的最终目标是为人民服务，实现人民的根本利益。人民生活水平和人民满意度是否提高，是检验我们事业成败的重要标尺。正如习近平总书记总结指出："40年来，我们始终坚持在发展中保障和改善民生，全面推进幼有所育、学有所教、劳有所得、病有所医、老有所养、住有所居、弱有所扶，不断改善人民生活、增进人民福祉。全国居民人均可支配收入由171元增加到2.6万元，中等收入群体持续扩大。"② 纵观中国特色社会主义道路形成和发展的全过程，与经济建设取得的巨大成就相伴随，我国人民生活水平显著提高，人民的获得感和满意度也在不断提高。从社会建设角度来看，我国社会大局保持长期稳定，是世界上最有安全感的国家之一。

中国特色社会主义建设实践取得的伟大成就涵盖了经济、政治、社会、文化、生态等各个领域。中国特色社会主义建设实践的伟大成就是中国特色社会主义道路自信的源头活水，同时道路自信又是推动中国特色社会主义事业继续向前发展的重要力量。党的十八大以来，以习近平同志为核心的党中央带领全国各族人民开展了一系列重大的改革实践活动并取得历史性成就，社会主义经济建设、政治建设、文化建设、社会建设和生态文明建设都取得巨大进步，这进一步坚定了中国特色社会主义道路自信。进入新时代，中国越来越走近世界舞台的中央，在不断提高和壮大自身的同时正在为构建人类命运共同体做着积极贡献。中国特色社会主义道路自

① 陆娅楠：《中国经济总量首超100万亿元》，《人民日报》2021年1月19日。
② 习近平：《在庆祝改革开放40周年大会上的讲话》，人民出版社2018年版，第14—15页。

信步入了新境界。

四、来自人民的支持

人民是历史的创造者。自古以来，得民心者得天下，失民心者失天下。人民的支持和拥护是中国革命、建设和改革开放取得成功的关键，是中国特色社会主义事业克服各种艰难险阻、不断向前推进的力量源泉。正如习近平总书记所说：“有这样伟大的人民，有这样伟大的民族，有这样的伟大民族精神，是我们的骄傲，是我们坚定中国特色社会主义道路自信、理论自信、制度自信、文化自信的底气，也是我们风雨无阻、高歌行进的根本力量！”① 没有人民的支持，就没有今天的中国特色社会主义道路的开拓、形成和发展。人民的支持，是我们坚定中国特色社会主义道路自信的根据。

中国特色社会主义道路的一个显著特点，就是它反映了中国最广大人民群众的根本需求，代表着中国最广大人民群众的根本利益。近代中国救亡图存的历史告诉我们，走资本主义道路在中国根本行不通，只有把马克思主义普遍真理和中国实际相结合、走自己的路才是唯一出路，才能实现人民的根本利益。新中国成立 70 多年的历史实践证明，我们探索、开拓、坚持和发展中国特色社会主义，始终紧紧围绕人民主体地位，把维护人民利益放在首位。新中国成立之初，国家机构的名称都带有“人民”二字，也体现着我国是人民民主专政的社会主义国家的国体性质。社会主义为人民，人民拥护社会主义，二者是内在统一的。改革开放 40 多年来，中国特色社会主义“五大建设”，都以人民利益为中心全面展开。经济建设是为了改善人民生活、满足人民群众物质生活需求，政治建设是为了保障人民当家作主权利的实现、满足人民群众对民主政治和法治的需求，文化建设是为了满足人民群众日益增长的精神文化需求，社会建设是为了满足人民对于改善民生、构建和谐社会的需求，生态文明建设是为了满足人民群

---

① 《习近平谈治国理政》第三卷，外文出版社 2020 年版，第 142 页。

众对于人与自然和谐相处的美好环境的需求。习近平总书记指出：历史充分证明，江山就是人民，人民就是江山。①

总之，中国特色社会主义道路的推进，始终都是围绕以人民为中心这条主线，因此始终能得到最广大人民群众的支持和拥护。能够得到人民群众的支持，这是我们坚定中国特色社会主义道路自信的最大底气和永远的力量之源。

五、来自多方比较

中国特色社会主义道路自信来自比较。中国特色社会主义道路拥有自身独特的优势，而独特的优势就来自比较。毛泽东同志在20世纪50年代时曾说：中国搞了社会主义，"据说是有优越性，结果你搞了五六十年还不能超过美国，你像个什么样子呢？那就要从地球上开除你的球籍！"②优越性不是说来的，也不是凭空想出来的，而是用事实说话比较得来的，比较中见优劣。当今世界上各个国家都有自己的发展道路和模式，资本主义国家和社会主义国家形成鲜明对比，即使是资本主义国家内部也有很大差别，比如有欧洲模式、美国模式、日本模式等。在发展中国家内部也有各种模式，如苏联模式、拉美模式、东南亚模式等。我们中国道路的优势就是在和这些不同模式的比较中得出来的。党的十八大以来，在习近平新时代中国特色社会主义思想的科学指引下，中国特色社会主义伟大事业取得了整体进步，在经济、政治、文化、社会和生态文明等多个方面都取得了巨大成就。中国在很多方面都能够很有自信地和其他国家比一比。

无论是与当今西方资本主义国家相比较，还是与广大发展中国家相比较，中国特色社会主义道路都呈现出鲜明的特色和优势。与西方资本主义国家比较，中国特色社会主义道路是一条与资本主义道路有着本质区别的现代化道路，它突破了西方国家现代化的局限性和弊端，与西方道路相比

---

① 参见《习近平在党史学习教育动员大会上强调　学党史悟思想办实事开新局　以优异成绩迎接建党一百周年》，《人民日报》2021年2月21日。

② 《毛泽东文集》第七卷，人民出版社1999年版，第89页。

拥有显著优势。改革开放 40 多年来，我国经济增长率、经济规模和人均 GDP 都在快速提高。尽管我们当前人均 GDP 还落后于世界上其他一些国家，但近年来中国在脱贫攻坚方面取得的成绩令世人称赞。从中国经济对世界经济的影响来看，中国当前已成为世界第一大出口国和第二对外贸易大国，2008 年国际金融危机爆发以来，中国对世界经济增长的贡献已超过美国，成为世界经济发展的新引擎。究其原因，中国的比较优势离不开中国共产党领导和社会主义制度的优越性，这主要体现为：坚持中国共产党领导；坚持以生产资料公有制经济为主体；开创性地确立了社会主义市场经济体制；坚持以人民为中心的科学发展观；坚持改革成果由全体人民共享；等等。正是因为拥有西方资本主义国家所没有的制度优势，才能够最广泛地调动人民群众的积极性，汇聚起最广泛的社会力量积极投入社会主义现代化建设中来，由此形成战胜前进道路上一切困难的伟大精神和力量。

与苏联东欧国家比较，中国特色社会主义突破了苏联模式的弊端，在马克思主义科学世界观和方法论指导下，把马克思主义基本原理同当代中国实际相结合，不断推进马克思主义中国化，借鉴和利用了人类文明的优秀成果，探索出了一条充满生机活力的社会主义发展新路。这条新路具有鲜明中国特色和中国智慧，为世界社会主义运动带来新的希望，使科学社会主义重新焕发出新的生机，为世界上其他社会主义国家和发展中国家探索实现现代化提供了中国方案和中国经验。此外，与拉美等发展中国家比较，中国超越了许多国家照搬照抄的发展模式，勇敢面对全球化时代的挑战，从中国国情出发努力探索适合自己的路，最终走出了一条实现现代化的成功之路。总之，中国特色社会主义道路在中外比较中拥有显著优势，这种显著优势已经又一次在正在发生的抗疫战斗中得到证实。事实胜于雄辩，中国特色社会主义道路会越走越宽广，中国特色社会主义道路自信也会越来越坚定。

中国共产党已经迎来百年诞辰，我们拥有充分理由坚定中国特色社会主义道路自信。中国特色社会主义道路之所以能够拥有比较优势，有一条基本经验就在于在中国共产党领导下不断推进马克思主义中国化。中华五千年文明博大精深，其所蕴含的"天人合一""天下为公""包容和合"等优秀文化，是滋养中国特色社会主义道路的文化之源。不断推进马克思主义中国化，使马克思主义基本原理深深扎根于中华五千年文明土壤之中，把马克思主义科学的世界观和方法论与蕴含于中华五千年文明之中的中华优秀传统文化相结合，中国特色社会主义道路的特色和优势必将绽放出新的光彩。

第 二 章

中国特色社会主义道路的历史必然性

　　方向决定道路，道路决定命运。道路问题是关系国家和民族兴衰成败第一位的问题。近代以来，中国人民经过长期探索和实践，最终找到了中国特色社会主义这条正确道路，从根本上改变了中国人民和中华民族的前途命运。习近平总书记指出："中国特色社会主义这条道路来之不易，它是在改革开放 30 多年的伟大实践中走出来的，是在中华人民共和国成立 60 多年的持续探索中走出来的，是在对近代以来 170 多年中华民族发展历程的深刻总结中走出来的，是在对中华民族 5000 多年悠久文明的传承中走出来的，具有深厚的历史渊源和广泛的现实基础。"① 这段话表明，我们选择中国特色社会主义道路并非偶然，而是有着深刻的历史必然性。从文化逻辑来讲，中国特色社会主义道路是马克思主义与中华文明在高度契合基础上深度融合的结果，是既具有现代性又具有民族性、既符合马克思主义普遍原理又符合中华文明根本精神的独特发展道路。从历史逻辑来讲，中国特色社会主义道路是在近代以来中华民族从"站起来""富起来"到"强起来"的历史进程中逐渐确立和发展起来的，是根植于中国大地、反映人民意愿、适应中国和时代发展进步要求的正确道路。从现实

---

① 《习近平在中共中央政治局第七次集体学习时强调　在对历史的深入思考中更好走向未来　交出发展中国特色社会主义合格答卷》，《人民日报》2013 年 6 月 27 日。

逻辑来讲，中国特色社会主义道路是在国内外形势发生深刻变化的情况下不断满足人民对美好生活向往的唯一正确选择，是全面建成小康社会、加快推进社会主义现代化、实现中华民族伟大复兴的必由之路。

第一节　马克思主义与中华文明的内在契合

不同国家和民族的文化差异，深刻影响着这些国家和民族发展道路的选择。一个民族的发展道路必然深深植根于它的民族文化之中。中华民族有着五千年的悠久历史，孕育了丰富灿烂的中华文明。中华文明正如血脉和基因一样，熔铸于中华民族的自我认同之中，影响着中华民族的发展方向。任何外来文化必须与中华文明的根本精神相调适，必须与中华民族的文化心理相契合，才能真正得到中国人民的认可，进而在中国大地上生根发芽。在中华民族发展史上，佛教中国化和马克思主义中国化是两个最具典型意义的事例。习近平总书记指出："数千年来，中华民族走着一条不同于其他国家和民族的文明发展道路。我们开辟了中国特色社会主义道路不是偶然的，是我国历史传承和文化传统决定的。"① 中国特色社会主义道路之所以取得巨大成功，具有深层次的文化根源，这就是马克思主义与中华文明的内在契合。这种文化契合促使马克思主义从"外来"转化为"本来"，同时推动中华文明从"传统"转化为"现代"，从而决定了中国特色社会主义道路的基本特质。

一、党的领导：无产阶级政党理论与"大一统"政治传统的契合

中国共产党的领导是中国特色社会主义最本质的特征，是中国特色社会主义制度的最大优势，也是中国道路的基本标识。坚持中国共产党的领

---

① 《习近平在中共中央政治局第十八次集体学习时强调　牢记历史经验历史教训历史警示　为国家治理能力现代化提供有益借鉴》，《人民日报》2014 年 10 月 14 日。

导，不仅是近代以来中国历史和中国人民的选择，同时也是马克思主义政党理论和中华文明"大一统"政治理念的必然要求。在国家的最高政治领导和根本政治结构方面，马克思主义与中华文明有着高度一致的理解。

西方文明主流的文化和政治传统孕育形成了分权制衡的国家制度架构，成为现代西方政治制度的根本原则。与之不同的是，中华文明的整体性思维强调天地万物以及人类社会是一个有机联系的统一整体，从而在政治思想和实践中逐渐确立起中央集权的国家制度和政治体制，即"大一统"的政治传统。"大一统"理念萌芽于商周时期，酝酿于战国时期，并在秦汉以后的政治实践中不断发展完善，成为中华民族始终延续的民族心理和文化基因。数千年来，追求国家统一、维护民族团结成为中国历代政治家、思想家和普通民众的思想共识。

"大一统"的政治理念强调，在国家架构中必须有一个政治中心作为整合整个国家和社会的核心力量，这个政治力量必须是强大的、先进的和拥有道义制高点的。"这种认识包括三层含义：第一，这个政治力量必须是强大的。软弱无力的政治力量是无法维护如此大规模的国家的统一的，也是无法维护社会秩序实现天下大治的。第二，这一政治力量必须是先进的。落后的和野蛮的政治力量是无法推动民族发展、社会进步的。第三，这一政治力量必须是拥有道义制高点的。失去道义、失去民心的政治力量，无论看起来有多么强大，都不会赢得人民群众的衷心支持和拥戴，因而是注定要垮台的。"① 在中国古代政治史上，"大一统"政治责任的承担者是天子（皇帝）和朝廷。近代以来，传统的王朝模式已经无法有效回应近代中国聚合民众、抵抗侵略、维护国家统一的时代课题；然而，时代仍然呼唤一个强大的政治力量以现代方式重新实现国家统一。历史证明，北洋政府和国民党政府都无法承担这一重任，只有新生的中国共产党才能有效凝聚国家力量和人民意志，带领中国人民完成了历史的重任，建立了崭新的社会主义国家，并领导国家和民族不断前进。

_____

① 李涛：《中华传统文化与中国特色社会主义道路选择》，《中州学刊》2017 年第 12 期。

中国共产党是按照马克思主义政党理论组织起来的无产阶级政党。马克思主义指出，无产阶级是现代大工业的产物，代表了最先进的社会生产力，担负着推翻资本主义社会、建设一个新社会的历史使命。为实现这一历史使命，无产阶级必须建立自己的革命政党即共产党，作为无产阶级革命事业的领导力量。共产党没有自身的任何特殊利益，而是忠实地代表广大无产阶级的利益，同时也就是代表广大人民群众的利益。可以看到，共产党的这些基本性质和特征完全符合"大一统"理念对于核心政治力量的要求。首先，共产党作为无产阶级政党，以马克思主义这一科学理论为指导，代表无产阶级这一最先进的社会阶级，代表着未来人类社会发展的方向，具有高度的先进性。其次，共产党代表无产阶级和广大人民群众的根本利益，拥有最广泛的民心支持和道义支撑。最后，上述两点共同决定了共产党具有无比强大的政治力量。

由此可见，中国共产党之所以能够赢得广大人民群众的真心拥护，成为中国各项事业的领导核心，并非历史的偶然，而是有着深刻的文化根源。马克思主义政党理论和中华文明"大一统"政治理念的深度契合，决定了中国的现代国家建设必须在一个坚强有力的领导核心的主导下建构社会秩序、整合社会资源、维护公平正义、推动社会进步、引领民族复兴。这一文化逻辑落实于当代中国的发展道路，就是必须坚持中国共产党的领导。因此，中国共产党的领导核心地位，不仅是马克思主义政党理论的必然要求，同时也是中华文明"大一统"政治理念在现代中国国家建设事业中的具体体现。

二、人民中心：人民主体理论与以民为本价值原则的契合

中国共产党是广大中国人民根本利益的代表。坚持以人民为中心，全心全意为人民服务，不仅是中国共产党的根本宗旨，也是中国特色社会主义的鲜明特征。党的十九大报告指出，必须坚持以人民为中心的发展思想，不断促进人的全面发展、全体人民共同富裕。中国特色社会主义道路的这一根本价值立场，既是马克思主义人民主体理论的要求，也是中国传

统以民为本政德观的体现。

民本思想是中国传统政治伦理观念的核心。早在殷周之际，政权合法性的主要内容就实现了从"尊神"向"敬德"的转变，而统治者"德"的基本内涵就是保民、爱民。《尚书》中提出"天视自我民视，天听自我民听""民惟邦本，本固邦宁"等政治思想，成为民本思想的早期萌芽。此后，这一理念在政治思想和实践中不断发展。

春秋战国时期，各主要思想流派都提出了自己的民本思想。孔子提出以"德治"为核心的治国原则，指出统治者要"节用而爱人，使民以时"。孟子将其发展为"仁政"思想，并提出"民贵君轻""保民而王"等观点。荀子不仅看到了人民的力量，指出"君者舟也，庶民者水也；水则载舟，水则覆舟"；而且进一步提出"天之生民，非为君也；天之立君，以为民也"的朴素民主思想。老子则指出，"圣人无常心，以百姓心为心"，认为统治者不应有私心私利，而是要以满足人民的需要为根本。此外，墨家的"兼爱""非攻"等主张都蕴含了重视人民的思想。此后，历代思想家对民本思想多有论述，逐渐形成了以儒家思想为主体、融墨法道等各家思想为一体的民本思想体系。

在明清之际的早期启蒙思潮中，民本思想有了新的发展，启蒙思想家将一姓之国与百姓之天下区分开来，主张改革不合理的君主专制制度以保障人民权利。这种思想与近代传入的现代民主思想相融合，推动中国传统民本思想实现了根本性变革，"以民为本"真正成为现代国家的理论、制度和法律基础。中国共产党对这一政治文化传统进行了创造性的继承和转化，成为立党执政的根本宗旨，从而赢得了广大人民群众的真诚拥护，拥有了最广泛的群众基础。

马克思主义传入中国后，之所以能够迅速被普通民众认可和接受，与其人民主体理论有着密切关系。历史唯物主义指出，应该从人民群众生活的社会条件及其变革来考察社会历史，而非如过去的历史理论那样从抽象的意识观念出发理解历史的运动。由此出发，马克思主义指出，是广大人民群众的生产生活实践创造了历史，人民群众不仅创造了物质财富和精神财富，而且在关键的历史时刻直接参与革命运动，并推动历史的发展；因此，应该现实地分析人民群众的实际生活状况和他们对于社会历史发展的根本推动作用。"在这个思想基础上，马克思主义坚持人民的中心地位，坚持一切为了人民、一切依靠人民的实践原则，捍卫人民的政治权利，满足人民的物质利益，调动人民的积极性。"① 中国共产党作为马克思主义政党，始终坚持马克思主义的人民主体理论，将人民的事业作为自己的事业，将人民的利益作为自己的利益。可以看到，在重视人民、以人民为中心这一根本价值立场上，马克思主义与中华文明同样具有高度的一致性。

中国道路的成功选择，根本原因就在于我们党紧紧依靠人民的力量，融汇人民的智慧；中国道路的不断拓展，根本动力就在于充分发挥人民的智慧和创造精神；中国道路的重大价值，就在于这是一条能够造福人民、不断增进人民福祉之路。② 因此，中国特色社会主义道路是中国人民自己选择的道路，也是创造人民美好生活的必由之路。可以说，中国特色社会主义道路，创造性地将中华文明"以民为本"的政治文化传统和马克思主义人民主体理论结合起来，并在实践中为其赋予了更加深刻的理论内涵和时代价值；而"以民为本"的传统政治理念和马克思主义人民主体理论则为中国特色社会主义道路分别赋予了更加深厚的文明积淀和更加科学的理论依据。

三、改革创新：实事求是精神与与时俱进发展理念的契合

改革创新是人类社会不断向前发展的持续动力。中国特色社会主义道路之所以能够行稳致远，就在于始终坚持一切从实际出发，实事求是，与时俱进，不断根据现实情况的变化发展对理论进行相应的调整，从而更好地指导实践。可以说，改革创新是开辟和发展中国特色社会主义道路的重要动力之一。这是马克思主义实事求是思想路线的具体要求，也是中华文

---

① 陈学明等：《马克思与当代中国》，中国人民大学出版社 2018 年版，第 66—67 页。
② 参见包心鉴：《中国道路具有深厚历史文化内涵》，《人民日报》2016 年 5 月 17 日。

明与时俱进、革故鼎新发展观的当代体现。

中华文明自古具有推崇与时俱进、改革创新的传统。中国古人认为，世界的本来状态就是变动不居，天地自然运化生生不息，每时每刻都产生新的变化。在"天人合一"的传统世界观中，人类社会也应当自觉效法天道，根据主客观因素的变化，不断地进行自我革新。

对于这一点，古人早已有诸多论述。如《尚书》中就提到"德日新，万邦惟怀"，《礼记·大学》也指出要"苟日新，日日新，又日新"，这些更多地强调个人在德行修养方面的不断完善。另外，关于政治革新的论述也屡见不鲜。例如，《诗经》就认为"周虽旧邦，其命维新"，《周易·革卦》也指出"天地革而四时成，汤武革命，顺乎天而应乎人"，对汤武革命作了正面的阐释。而《周易·杂卦传》则进一步提炼出《革》《鼎》两卦的抽象意义："《革》，去故也；《鼎》，取新也。"此后，"革故鼎新"成为中国古代进行政治变革时的经典依据之一。

纵观中国古代史，会发现各种大大小小的改革贯穿其中，构成了一个强大的变法传统。著名者如管仲改革、商鞅变法、孝文帝改革、王安石变法、张居正变法、戊戌变法等。它们大都是在时代发生大变动时，改革者为维护统治秩序、推动社会发展而进行的，也都促进了社会的相应变革。

无独有偶，马克思主义方法论也同样强调要坚持实事求是、与时俱进，反对任何保守僵化、脱离实际的做法。马克思就曾说过："在将来某个特定的时刻应该做些什么，应该马上做些什么，这当然完全取决于人们将不得不在其中活动的那个既定的历史环境。"① 恩格斯也明确指出："马克思的整个世界观不是教义，而是方法。它提供的不是现成的教条，而是进一步研究的出发点和供这种研究使用的方法。"② 这种实事求是的思想原则必然要求根据实际情况的变化对理论进行不断发展完善。正是有了这种发展的眼光，马克思主义才能不断与时俱进，永葆思想活力，不断探索

① 《马克思恩格斯选集》第4卷，人民出版社2012年版，第541页。
② 《马克思恩格斯选集》第4卷，人民出版社2012年版，第664页。

时代发展提出的新课题、回应人类社会面临的新挑战。

中国共产党在革命、建设和改革的历史实践中，将中华文明与时俱进、革故鼎新的发展观与马克思主义方法论有机结合起来，将"一切从实际出发，理论联系实际，实事求是，在实践中检验真理和发展真理"确立为党的思想路线，成功地实现了马克思主义中国化的理论飞跃，并指导现实实践不断取得成功。从革命时期开辟"农村包围城市，武装夺取政权"的中国革命道路，到建设时期艰苦探索"以苏为鉴，走自己的路"，都体现了实事求是、与时俱进的精神。而改革开放更成为中国特色社会主义道路的鲜明特征和强大动力。在新时代，中国共产党进一步将马克思主义基本原理同新时代中国具体实际结合起来，推动党和国家事业取得全方位、开创性历史成就，发生深层次、根本性历史变革，中华民族迎来了从富起来到强起来的伟大飞跃。这些事实充分证明，坚持马克思主义基本原理同中国具体实际相结合、不断推进马克思主义中国化时代化是完全正确的。

中国特色社会主义道路内在蕴涵着实事求是、与时俱进的思想原则，"高度注重改革创新，强调要根据实践的发展，以问题为导向，推进具体制度机制的改革，推动各项工作的创新，不断赋予中国特色社会主义以生机和活力"①。中国道路的这些特质，正是对中华文明发展观和马克思主义方法论的继承发扬和实践运用，也必将不断促进中国道路的开拓和发展。

四、共同富裕：共产主义理想与天下大同社会理想的契合

共同富裕是中国特色社会主义的根本原则，是中国共产党人始终不渝的奋斗目标。将共同富裕作为根本原则，既是由中国特色社会主义道路的社会主义属性和共产主义理论所决定的，也深刻契合了中华文明追求财富均等、世界大同的社会理想。

---

① 李涛：《中华传统文化与中国特色社会主义道路选择》，《中州学刊》2017 年第 12 期。

中华文明是一种整体性思维，认为人与人、人与自然共处于同一个命运共同体中，各部分之间相互联系、相互依存，个体的命运和价值与他者以及整体密切相关，整体利益高于并优先于个体利益。这种集体主义的价值取向落实到社会层面，就是反对贫富悬殊、推崇社会公平，并进一步主张社会公有。这种社会理想被包括社会精英和底层民众在内的所有社会成员所共享，具有广泛而深厚的社会心理基础。

就社会精英而言，中国古代的思想家都主张社会财富的公平分配。例如，孔子明确指出"不患寡而患不均"，认为社会财富的公正分配是维护社会稳定和谐的重要因素。孟子激烈批判"庖有肥肉，厩有肥马，民有饥色，野有饿莩"的社会不公现象，主张恢复井田制，以解决贫富悬殊问题，保障普通民众的基本生活。墨子主张天下应该"兼相爱，交相利"。老子则从"天道"的高度指出应该"损有余而补不足"，而不能"损不足以奉有余"，其中蕴含了主张社会公平的思想。就普通民众而言，中国古代的农民起义大都是对社会两极分化、贫富悬殊的一种激烈抗议。例如，陈胜在号召戍卒起义时说"王侯将相宁有种乎！"黄巢曾自称"天补均平大将军"，王小波在起义时也说"吾疾贫富不均，今为汝均之"，李自成起义则以"均田免粮"为口号。在太平天国起义中，《天朝田亩制度》描绘了一幅"有田同耕，有饭同食，有衣同穿，有钱同使，无处不均匀，无人不保暖"的美好图景，使中国古代农民"等贵贱，均贫富"的朴素平均主义达到顶峰。

中华文明关于美好社会的理想愿景集中体现在"天下大同"的思想中。《礼记·礼运》有着对大同社会的经典描述："大道之行也，天下为公，选贤举能，讲信修睦……"这种理想社会在近代中国获得了空前的重视，成为不同政治和思想派别共同的思想资源。康有为在《大同书》中明确指出，贫富问题的根源在于财产私有制。因此，必须消灭私有财产，实行公有制，由世界公政府统一管理经济生产和分配。孙中山有鉴于欧美发达国家贫富差距过大的社会现实，提出"民生主义"的主张，以缓和社会矛盾，避免社会革命。此后更进一步将民生主义的内涵扩充为

"平均地权，节制资本"，并强调民生主义与社会主义、共产主义是相通的。毛泽东也曾用"大同"来表述共产主义没有阶级、没有剥削、共同发展、共同富裕的理想社会。

马克思主义对共产主义社会的设想与中华文明"天下大同"的社会理想具有很多相似和相通之处。马克思和恩格斯科学地指出了资本主义经济运动所具有的内在矛盾，指出了资本主义社会贫富两极分化的社会根源。在此基础上，他们科学地预见到共产主义理想的必然实现。共产主义的基本内涵和根本目的在于，克服和解决资本主义社会的财富两极分化，消灭由此带来的全面社会分裂和对抗，在社会财富极大丰富的现实基础上实现人的自由全面发展。马克思主义的共产主义理论克服了以往共产主义乌托邦理想的空想性，指明了实现共产主义的科学道路。

对于中国人民来说，马克思主义的共产主义理想与"天下大同"理想的根本目标是高度一致的，因此具有天然的亲和性；与此同时，马克思主义也指明了实现大同社会的现实途径，使"天下大同"具有了现实的可能性，而不再仅仅停留于人们的美好想象之中。毛泽东指出："康有为写了《大同书》，他没有也不可能找到一条到达大同的路。"① 历史证明，这条到达大同的正确道路已经由中国共产党人在马克思主义中找到并进行了成功实践，中华民族几千年来的大同理想将在中国特色社会主义的伟大实践中最终实现。

无论是中华文明"天下大同"的社会理想，还是马克思主义的共产主义理论，都寄托着全体社会成员摆脱贫富不均、促进社会公平、实现人的自由全面发展的美好愿望。在这一方面，两者有着人性层面的深度契合。而要实现这一理想，基本的前提条件就是实现社会物质财富的极大丰富和全体社会成员的共同富裕。因此，中国特色社会主义道路以实现全体人民共同富裕为根本原则和根本目标，是共产主义理论和"天下大同"理想的共同要求在当代中国现阶段的具体体现，有着坚实的思想和文化根基。

---

① 《毛泽东选集》第四卷，人民出版社 1991 年版，第 1471 页。

五、和平发展：国际主义精神与和而不同文明理念的契合

和平发展是中国特色社会主义道路的标志性特征之一。与西方大国通过掠夺、殖民、战争等方式实现崛起的发展模式不同，中国在遵守现有国际规则的前提下，坚持走独立自主的发展道路，通过本国人民的艰苦奋斗，以和平方式实现国家发展，同时实现与他国的互利共赢。中国道路的和平发展特征，是马克思主义的国际主义精神与中华文明爱好和平、和而不同的文明发展理念的鲜明体现和本质要求。

作为一个独立发展的文明体，中国在长期的对外交往中，始终坚持"和而不同"的基本理念。"和而不同"以承认世界的多样性为基础，认为不同的事物乃至文明都有其存在的合理性和独特的价值，即孟子所谓"物之不齐，物之情也"；与此同时，这种多样性的存在恰好构成丰富多彩的整体世界，每一种存在都能在这个整体中获得其恰当的位置，并与其他存在和谐共处。实际上，存在的多样性恰恰构成了统一性的前提和基础，而完全同质化的世界反而难以长久维系。这是中国古人早已发现并反复强调的道理。如西周末年的史伯就指出："和实生物，同则不继。以他平他谓之和，故能丰长而物生之。若以同裨同，尽乃弃矣。"（《国语·郑语》）《中庸》也强调天道的和谐本质："万物并育而不相害，道并行而不相悖。"

由此出发，中华文明发展出一套不同于西方文明的文明观，即尊重文明差异，反对文明迫害，强调不同文明和谐共处。孔子就曾坚决反对对外侵略，主张以文明感化他者："远人不服，则修文德以来之。"（《论语·季氏》）这一思想被孟子发展为国际关系领域的"王霸之辨"。所谓"霸道"，是指以武力强迫他国屈服；所谓"王道"，是指以德行感化他国顺服。此后，"王道"成为中国古代处理国际关系的基本原则和终极理想。为实现"协和万邦"的王道理想，中国自汉代开始就按照儒家思想构建了一套文明交往的礼仪制度，并与东亚其他国家共同建立起朝贡体系。在朝贡体系中，中国与周边国家只是一种形式上、道义上的"宗藩"关系，

中国并不否定属国的独立和主权，也不干涉属国内政，而是强调以文明、和平的方式构筑国际秩序，从而将安全需求与文化追求统一起来。① 这一国际秩序及其文明理念也得到了东亚其他国家的支持，并形成了具有强烈儒家色彩的东亚文明圈。英国学者克里斯托弗·库克在《文明国家的崛起》一书中指出，中华文明是"天生的和平、非扩张主义和非帝国主义的文明"②。作为世界上唯一从未中断的古老文明，中华文明以和为贵，与人为善，己所不欲、勿施于人等优良传统代代相传，成为中国和平发展的文明底色。

另一方面，和平发展也是马克思主义的国际主义精神的必然要求。马克思主义坚决反对任何形式的民族剥削和民族压迫。他们虽然强调革命的联合和全球一体化的未来发展趋势，但始终强调革命和发展的独立自主，坚决反对某个民族将自己的意志和道路强加到其他民族身上。③ 马克思曾明确指出，工人阶级致力于建立的新的社会的国际原则是和平④，还指出，"奴役其他民族的民族是在为自身锻造镣铐"⑤。恩格斯也指出："胜利了的无产阶级不能强迫任何异族人民接受任何替他们造福的办法，否则就会断送自己的胜利。"⑥ 列宁指出，"共产主义是不能用暴力来灌输的"⑦，强调革命的独立自主，反对革命的强行移植。因此，马克思主义充分尊重和支持不同国家和民族根据自身实际选择合适的革命和发展道路，坚决反对任何干涉其他国家和民族的霸权主义行径。这种国际主义精神与中华文明和而不同的文明发展理念高度契合，成为决定中国发展模式和外交政策的理念根基。

中华人民共和国成立以来，始终坚持和平发展的基本模式。新中国成

① 参见汤俊峰：《中国道路的文化逻辑》，《科学社会主义》2018 年第 6 期。
② 转引自钟声：《以文明交流互鉴助推和平发展》，《人民日报》2019 年 4 月 4 日。
③ 参见陈学明等：《马克思与当代中国》，中国人民大学出版社 2018 年版，第 138 页。
④ 参见《马克思恩格斯全集》第 17 卷，人民出版社 1963 年版，第 8 页。
⑤ 《马克思恩格斯全集》第 16 卷，人民出版社 1964 年版，第 440 页。
⑥ 《马克思恩格斯全集》第 35 卷，人民出版社 1971 年版，第 353 页。
⑦ 《列宁选集》第 3 卷，人民出版社 2012 年版，第 763 页。

立之初，我国就提出"和平共处五项原则"，展现了与其他国家和平共处的国际形象。改革开放以来，随着综合国力的不断提升，我国反复强调坚定不移地走和平发展道路，为世界和平和全球发展作出贡献。党的十八大以来，我国提出推动构建人类命运共同体，进一步展示了中国道路的和平发展、合作共赢的重要特征，打破了西方文明"国强必霸"的逻辑，为构建新型国际关系提供了新的认识视角和思维模式。可以说，中华文明和而不同的文明理念和马克思主义的国际主义精神，为中国道路赋予了深厚的文明底蕴和鲜明的世界意义；中国道路面向世界、追求和平的重要特征，也成为中华文明和而不同的文明理念和马克思主义的国际主义精神在当代中国的最新发展。

第二节　民族复兴的历史选择

在人类文明发展的漫长历史中，中国曾经长期领先世界。然而，近代以来，在现代西方文明的强势冲击之下，古老的中华民族"风流总被雨打风吹去"，逐渐落后于世界历史的发展潮流，成为"挨打"的对象。面对这种巨大的时代落差，谋求中华民族的伟大复兴就成为近代以来中国人民奋斗的最高目标。在180多年的历史实践中，中国人民逐渐探索和总结出一条能够真正实现民族复兴的道路，那就是中国特色社会主义道路。习近平总书记指出："中国特色社会主义道路是1840年以来特别是甲午战争以来，中国人民对其他救国途径的尝试全部碰壁之后作出的历史性选择，是中国共产党和人民历尽千辛万苦、付出巨大代价取得的根本成就。"[①] 中国特色社会主义道路的确立和发展，是近代以来中国人民艰辛探索的历史选择，是近代以来中华民族发展历程的深刻总结，具有深厚的实践根基和历史必然性。

---

① 习近平：《在纪念中国人民抗日战争暨世界反法西斯战争胜利69周年座谈会上的讲话》，《人民日报》2014年9月4日。

一、"站起来"：革命道路的艰难确立

从中英鸦片战争和《南京条约》开始，东西方列强通过一系列侵华战争和不平等条约不断扩大对中国的侵略。中国从传统的"天朝上国"逐渐沦为帝国主义世界体系中的边缘和附庸，亡国灭种的生存危机不断加深。如何应对这一"三千年未有之大变局"，抵御侵略，保国保种，成为近代中国最重要的时代课题。从根本上说，这一课题的解决之道在于寻找到能够承担时代变革重任的主体力量，并采取有效措施进行充分动员。简而言之，就是要解决"依靠谁"和"如何依靠"的问题。围绕这两个问题，近代的中国人民和有识之士纷纷展开了不同的尝试和探索。

农民阶级的斗争以太平天国运动和义和团运动为主。从主体力量来说，农民是近代中国社会人数最多的阶级，在有效动员的前提下，可以爆发出强大的战斗性和破坏力。然而，由于自身的阶级局限性，他们未能认清近代中国社会的主要矛盾所在，因而未能提出先进的指导思想，也未能制定明确的斗争策略。从表面来看，太平天国运动将西方基督教神学与农民起义结合起来，以"拜上帝教"为动员方式，似乎是在"向西方学习"；但是，"拜上帝教"与传统社会的民间宗教和秘密会社并无本质区别，而运动后期统治阶层又迅速发生蜕变，这些都表明太平天国运动与传统的农民起义和改朝换代并无本质区别。与之相反，义和团运动盲目敌视西方文明要素，拒斥一切现代文明，而"扫清灭洋"和"扶清灭洋"口号的反复无常则充分证明这场运动没有明确的指导思想和斗争策略。因此，仅靠农民自身无法解决近代中国面临的时代问题。但农民的庞大数量和斗争精神则使他们天然成为近代革命的主体力量。

统治集团的自救运动主要包括洋务运动、戊戌变法和清末新政。洋务运动以"中体西用"为指导思想，试图在维持传统政治制度和思想观念的前提下，通过引进西方先进器物和技术来解决统治危机。但正如严复等人所批评的那样："中学有中学之体用，西学有西学之体用，分之则并

立，合之则两亡。"① 洋务派只看到西方的坚船利炮，但并未看到器物作为一种手段，要在相应的政治制度和思想观念之下才能充分发挥其效用。继之而起的戊戌变法和清末新政虽然试图引进西方的政治制度，但由于统治阶级内部的权力分配和权力斗争导致内部分裂，两次自我革新均以失败告终。更重要的在于，《辛丑条约》签订以后，清政府已经完全屈服于帝国主义者，无法承担救亡图存的时代重任。这些充分说明，必须以革命推翻清朝统治，建立现代民族国家，彻底更新社会组织方式和动员能力，才能实现国家独立和民族解放。

辛亥革命推翻了清朝统治，建立了亚洲第一个共和国，但革命果实却被以袁世凯为代表的北洋军阀所窃取，国家再次陷入战争和混乱之中。以孙中山为首的革命派，之所以屡战屡败，根本原因在于没有一个坚强有力的领导核心，同时也未能找到真正可以依靠的革命力量。一方面，革命派内部的派系林立、四分五裂严重影响了对革命事业的领导；另一方面，无论是传统的会党、帮派，还是地方军阀，也都无法成为坚定的革命者。与之相比，年轻的中国共产党虽然力量弱小，但却从一开始就成功解决了近代中国革命的这两个难题。就革命的领导力量而言，中国共产党以马克思列宁主义为指导思想，并以民主集中制为原则建立了列宁式政党，从而成为一个高度统一的革命领导核心。就革命的主体力量而言，中国共产党从中国的实际情况出发，通过基层党组织的领导、组织和教育将"一盘散沙"式的中国农民进行有效的整合和动员，从而为革命准备了坚实的社会基础和源源不断的有生力量。在这个意义上，近代中国革命不仅是一场推翻帝国主义压迫的民族解放运动，更是一场重新整合基层社会的社会运动，广泛而深刻地改变了中国基层社会形态，也为此后的国家现代化建设奠定了坚实基础。

在中国共产党领导下，中国人民走出了一条独特的革命道路，实现了

---

① 严复：《与〈外交报〉主人书》，载王栻编：《严复集》第三册，中华书局 1986 年版，第 559 页。

马克思主义的中国化，即马克思主义基本原理同中国具体实际相结合。与中国近代的其他政治运动相比，中国共产党领导的新民主主义革命有了马克思列宁主义这一科学的革命理论的指导，从而为革命指明了正确的发展方向；与苏联十月革命的成功经验相比，中国共产党立足于中国革命的具体实际，创造性地开辟了"农村包围城市，武装夺取政权"的中国革命道路。"马克思主义中国化"，成为中国革命胜利的基本经验，也成为此后开辟中国道路的基本原则。

中华人民共和国的成立，"彻底结束了旧中国半殖民地半封建社会的历史，彻底结束了旧中国一盘散沙的局面，彻底废除了列强强加给中国的不平等条约和帝国主义在中国的一切特权，实现了中国从几千年封建专制政治向人民民主的伟大飞跃"①。这标志着中国人民在中华民族伟大复兴的历史征程中，实现了"站起来"的历史使命，为"富起来"和"强起来"提供了历史前提和基础。

二、"富起来"：建设道路的曲折探索

中华人民共和国的成立标志着民族解放这一历史任务的基本完成，中国人民从此站起来了。而新生的人民政权接下来则要面临同样艰巨的任务，即如何进行国家建设，使国家和人民"富起来"。早在新中国成立前夕的党的七届二中全会上，就确定了新中国建设的基本方向，即实现由农业国转变为工业国、由新民主主义社会转变为社会主义社会的"两个转变"。这种具有历史意义的转变，在漫长的中国历史上没有任何先例可以依循；在世界范围内，虽然有苏联和东欧一些社会主义国家作为借鉴，但中国的国情有着自己的特点，也不可能完全模仿国外经验。因此，对于"什么是社会主义、怎样发展社会主义"的重大问题，仍然需要继续坚持马克思主义中国化的基本经验，探索适合中国自身特点的发展道路。

---

① 习近平：《在庆祝中国共产党成立95周年大会上的讲话》，人民出版社2016年版，第3页。

　　在新中国成立初期，经过新生政权的巩固和国民经济的恢复，对生产资料进行社会主义改造、实现从新民主主义社会向社会主义社会的转变，成为当时的主要任务。为此，中共中央制定了过渡时期总路线，提出"要在一个相当长的历史时期内，基本上实现国家工业化和对农业、手工业、资本主义工商业的社会主义改造"。社会主义改造以苏联为借鉴，但与苏联相比，又具有中国自己的特点。对于农业的改造，苏联采取行政命令的方式，在很短的时间内就完成了农业集体化任务。中国则顺应了农民互助合作的自发要求，在此基础上进行积极引导，顺势而为。两种农业集体化方式的不同，直接导致农业生产效率的差异："苏联农业集体化过程中，粮食大幅度减产，牲畜头数也锐减。而在中国农业合作化的过程中，农业生产是逐年上升的。"① 对于资本主义工商业的改造，苏联采取没收资本家企业的强制手段，而中国则采取"和平赎买"政策，通过国家资本主义的形式，逐步将民族资本主义经济改造成社会主义公有制经济。这种和平改造的方式是统战思维的具体运用，避免了阶级矛盾的激化，维持了和平稳定的社会环境。正如毛泽东此后总结所说，对于学习苏联的问题，"要分两类，一类按中国的，一类规规矩矩老老实实地学。如土改，恩赐办法我们不学，我们是发动群众。财经方面有些建议，陈云不学。对资本家的政策，我们也不学它的"②。因此，在社会主义改造过程中，新中国就已经与"苏联模式"有所区别，从而为独立探索社会主义建设的道路准备了经验。

　　1956 年初，中国的社会主义改造基本完成，社会主义基本制度确立，党和国家的主要任务随之转移到社会主义建设上来。以毛泽东同志为核心的党的第一代中央领导集体强调要"以苏为鉴"，打破苏联迷信，独立自主地探索中国自己的社会主义建设道路。苏共二十大之后，毛泽东进一步指出，不能"硬搬"苏联模式，而是要独立思考，把马列主义的基本原

---

① 沙健孙：《关于社会主义改造问题的再评价》，《当代中国史研究》2005 年第 1 期。
② 中共中央文献研究室编：《毛泽东年谱（1949—1976）》第二卷，中央文献出版社 2013 年版，第 531 页。

理同中国社会主义建设的具体实际进行"第二次结合"。"第二次结合"产生了一系列具有独创性的理论成果，如社会主义社会的基本矛盾理论，统筹兼顾、注意综合平衡，以农业为基础、工业为主导、农轻重协调发展等重要观点，集中体现在中共八大以及毛泽东在中共八大前后发表的《论十大关系》《关于正确处理人民内部矛盾的问题》两次讲话之中。这些理论成果初步回答了"什么是社会主义、怎样发展社会主义"的重大问题，是对马列主义基本原理的创造性发展，为开辟适合中国国情的社会主义建设道路进行了重要和有益的探索。然而，在后来的实践中，"由于党在指导思想上'左'的错误，很多关于社会主义建设的正确思想没有得到贯彻落实，甚至发生了'文化大革命'那样的全局性、长时间的严重错误，使我们党在探索社会主义历程中遭到严重挫折"[1]。

1978 年，党的十一届三中全会召开，标志着社会主义建设在经历了严重挫折之后，重新走上了正确的道路。以邓小平同志为核心的党的第二代中央领导集体坚持实事求是的思想原则，综合分析国际和国内形势，对时代主题作出了从战争与革命向和平与发展转变的基本判断，对中国社会历史作出了处于社会主义初级阶段的基本定位的判断。以这些基本判断为基础，提出了以经济建设为中心，坚持四项基本原则、坚持改革开放的社会主义初级阶段基本路线，形成了邓小平理论，成功开创了中国特色社会主义道路。可以说，邓小平理论是马列主义基本原理和中国的社会主义建设实际相结合所产生的成熟的理论成果，是马克思主义中国化的第二次历史性飞跃。在这一成果的指引下，经过 40 多年改革开放的伟大实践，中国基本实现了国强民富，在中华民族伟大复兴的道路上又向前迈进了一大步。

应该看到，在一个落后的农业国建设社会主义是一项前无古人的伟大历史实践，没有任何现成的经验可以照搬照抄，必须经过千辛万苦的尝试

---

① 中共中央宣传部编：《习近平总书记系列重要讲话读本（2016 年版）》，学习出版社、人民出版社 2016 年版，第 22—23 页。

和探索才能找到一条正确发展道路。因此，我们应该以马克思主义的观点、辩证看待"前30年"和"后30年"的关系。一方面，"改革开放前的社会主义实践探索，是党和人民在历史新时期把握现实、创造未来的出发阵地，没有它提供的正反两方面的历史经验，没有它积累的思想成果、物质成果、制度成果，改革开放也难以顺利推进"①；另一方面，正是有了改革开放，中国特色社会主义建设才能取得举世瞩目的成就，中华民族才能实现"富起来"的历史飞跃。因此，既不能用前30年否定后30年，也不能用后30年否定前30年；而是应该客观看待继承和发展的关系，既看到连续性和同一性，又看到阶段性和差异性。这是中国特色社会主义道路创立和发展的历史事实，也是马克思主义"实事求是"思想路线的客观要求。

三、"强起来"：复兴道路的坚定前行

党的十八大以来，中国特色社会主义进入新时代，中华民族迎来了从站起来、富起来到强起来的伟大飞跃，迎来了实现中华民族伟大复兴的光明前景。面对"世界百年未有之大变局"，中华民族的伟大复兴面临着更多的机遇和挑战。在这种情况下，一方面，我们必须认真总结革命、建设和改革时期的历史经验和教训，坚定不移地走中国特色社会主义道路；另一方面，我们必须深刻把握当今中国和世界的形势变化，不断增强把握机遇、应对挑战的决心和信心，不断实现中国特色社会主义道路的新发展，开拓中华民族伟大复兴的新局面。

第一，当代中国社会正在面临大变革。改革开放40多年来，我国社会主义现代化建设取得了重大历史性成就，人民生活水平不断提高，综合国力和国际影响力不断增强。与此同时，进入新时代以来，党和国家的各项事业也正在发生深层次、根本性的历史性变革。"在生产力方面，主要

---

① 习近平：《在纪念毛泽东同志诞辰120周年座谈会上的讲话》，《人民日报》2013年12月27日。

是由要素驱动、投资规模驱动转向更加注重创新驱动；在生产关系方面，主要是由让一部分人先富起来转向更加注重共同富裕、使全体人民共享发展成果；在政治上层建筑方面，主要是由国家主导体制走向在中国共产党领导下更加注重推进国家治理现代化；在社会发展方式方面，主要是由注重重点突破非均衡发展转向更加注重全面协调发展；在国际战略方面，主要是由回应国际外交挑战走向更加注重积极参与全球治理、构建'人类命运共同体'和实施共建'一带一路'倡议。"① 与此相应，我国社会主要矛盾也发生了转化。党的十九大报告指出："我国社会主要矛盾已经转化为人民日益增长的美好生活需要和不平衡不充分的发展之间的矛盾。"②这些国内社会变革会带来一系列新情况新问题，正如邓小平指出的，我国"发展起来以后的问题不比发展时少"③。如何正确认识和妥善处理这些发展起来以后带来的新问题，需要我们在理论和实践的探索中继续坚持和发展中国特色社会主义，给"邓公之问"交出一份优秀的答卷。

第二，世界战略格局正在面临大变动。自从近代国门大开以来，中国的发展就已日渐融入世界格局的变动之中。从"站起来"到"富起来"，中华民族伟大复兴的每一步重要进展，都与对国际形势的深刻认识和充分把握密切相关。在"强起来"的新时代，同样需要具备深邃的国际视野。对此，以习近平同志为核心的党中央作出重大判断，指出当今世界正处于"百年未有之大变局"。这一"大变局"主要表现在以下几个方面：一是新一轮科技革命和产业革命正在大规模快速发展，给世界带来无限的发展潜力和前所未有的不确定性，将加快重塑世界格局。二是经济全球化进程呈现出复杂情势，一方面，美国大搞单边主义和保护主义，破坏多边贸易体制和全球治理体系，给全球带来激烈冲击和震荡；另一方面，以中国为

---

① 韩庆祥、陈曙光：《中国特色社会主义新时代的理论阐释》，《中国社会科学》2018 年第 1 期。

② 习近平：《决胜全面建成小康社会 夺取新时代中国特色社会主义伟大胜利——在中国共产党第十九次全国代表大会上的报告》，人民出版社 2017 年版，第 11 页。

③ 冷溶、汪作玲主编：《邓小平年谱（1975—1997）》下卷，中央文献出版社 2004 年版，第 1364 页。

代表的新兴经济体群体性崛起，并坚定维护多边主义和自由贸易原则，积极推进全球化良性健康发展，两种力量使全球化未来面临更多变数。三是世界多极化格局深入发展，并在不同层面和不同领域不断扩展，西方发达国家的主导地位持续下降，新兴经济体和区域合作组织的国际影响力不断增强，国际力量对比总体上变得越来越平衡。四是大国战略博弈日益加剧，突出表现为中国和美国之间逐渐从合作转为竞争，中国不断受到美国各方面的打压，将在今后较长一段时期内推动世界战略格局和全球治理体系发生深刻变革。总之，当今世界的大发展大变革大调整将给中华民族伟大复兴带来前所未有的机遇和挑战，我们必须不断提高应对"大变局"的战略定力和能力，积极奋发，大有所为，为实现中华民族伟大复兴提供良好的国际环境，为推动形成公正合理的新型国际秩序、构建人类命运共同体贡献中国智慧和中国力量。

第三，人类发展方式正在面临大转型。新航路开辟以来的人类历史，是以西方资本主义工业文明为现代化的主要模式的历史。马克思、恩格斯在《共产党宣言》中指出："资产阶级在它的不到一百年的阶级统治中所创造的生产力，比过去一切世代创造的全部生产力还要多，还要大。"[①]西方资本主义工业文明创造了前所未有的物质财富，但经过 500 多年的发展，这种现代化模式的弊端也越来越凸显出来。在生产方式方面，它以资本占有劳动并控制社会，造成了人们的"异化"；在社会关系方面，它导致财富高度集中于少数人手中，社会成员之间贫富悬殊；在国际关系方面，它通过殖民扩张的霸权方式在全球配置生产资料、劳动力和商品市场，造成了严重不平等不合理的国际秩序；在人与自然关系方面，它对自然界无限度的掠夺和破坏导致空气污染、环境恶化、资源枯竭的后果。而中国特色社会主义是中国自主开辟的现代化道路，完全不同于西方主导的现代化模式。中国道路摆脱了资本主义生产方式，成功探索出社会主义的现代化道路；摆脱了社会财富分配不均的弊端，明确提出以共同富裕作为

---

① 《马克思恩格斯选集》第 1 卷，人民出版社 2012 年版，第 405 页。

发展方向和目标；摆脱了霸权主义和殖民主义的"大国崛起"模式，成功实现了"和平崛起"；摆脱了建立在破坏自然基础上的发展方式，探索人与自然和谐共生、人类社会可持续发展的生态文明之路。中国道路的成功，打破了"西方中心论"的发展逻辑，拓展了现代化的发展路径，为其他发展中国家的现代化提供了全新选择，为解决人类文明发展问题、推动人类发展方式转型贡献了中国智慧和中国方案。

当今时代，中华民族站在了"强起来"的新的历史起点，正处于实现伟大复兴的关键时期，面临着当代中国社会大变革、世界战略格局大变动、人类发展方式大转型的机遇和挑战。面对错综复杂、瞬息万变的国内外形势，我们既要保持清醒的头脑，深刻认识到"中华民族伟大复兴绝不是轻轻松松就能实现的，我国越发展壮大，遇到的阻力和压力就会越大"[①]；又要抱定必胜的信念，充分认识到"我们比历史上任何时期都更接近中华民族伟大复兴的目标，比历史上任何时期都更有信心、有能力实现这个目标"[②]。为此，我们必须在新的历史条件下，不断进行理论和实践创新，始终坚持和发展中国特色社会主义，为中国道路不断注入新的时代内涵。

第三节　人民幸福的现实期盼

中国特色社会主义道路，既是数千年中华文明发展逻辑的必然选择，又是近代以来中华民族伟大复兴的必然选择，同时也是中国人民幸福生活的必然选择。为中国人民谋幸福、为中华民族谋复兴，既是中国共产党的初心和使命，也是中国特色社会主义道路的鲜明特征和根本目的。正如习近平总书记多次指出的，中国特色社会主义道路是实现社会主义现代化的必由之路，是创造人民美好生活的必由之路。党的十八大以来，中国特色

---

① 《十八大以来重要文献选编》（中），中央文献出版社 2016 年版，第 21 页。
② 《习近平在参加〈复兴之路〉展鉴时强调　承前启后　继往开来　继续朝着中华民族伟大复兴目标奋勇前进》，《人民日报》2012 年 11 月 30 日。

社会主义进入了新时代，我们要继续为中国人民的幸福生活而奋斗，就必须继续坚持和发展中国特色社会主义道路。从发展理念来看，这是由以人民为中心的发展思想所决定的；从现实国情来看，这是由我国社会主要矛盾的客观转化所决定的；从发展战略来看，这是由新时代中国特色社会主义发展的战略安排所决定的。

一、以人民为中心的发展思想

党的十八大以来，新一届中央领导集体面对社会主义现代化建设面临的新形势新局面新问题，提出了一系列治国理政的新理念新思想新战略。在发展理念问题上，明确提出"以人民为中心"的发展思想，将其作为新时代中国特色社会主义必须坚持的基本方略之一。以人民为中心的发展思想，坚持和发展了马克思主义唯物史观，是中国共产党全心全意为人民服务的根本宗旨在新时代的历史条件下的最新表达。其基本内涵包括相互关联的三个方面：发展为了人民，发展依靠人民，发展成果由人民共享。这就从根本上回答了"发展为了谁、发展依靠谁、发展成果由谁共享"的重大理论问题，从基本原则上确立了中国特色社会主义道路的发展目的、发展动力和发展效果。

首先，在发展目的上要坚持发展为了人民。这是中国共产党的根本价值立场和价值取向，也是中国特色社会主义的根本价值立场和价值取向。中国共产党自成立之时，就始终把"全心全意为人民服务"作为一切思想和行动的根本宗旨。习近平总书记多次指出："我们共产党人的最高利益和核心价值是全心全意为人民服务，诚心诚意为人民谋利益。"[1]"我们党领导人民搞革命、搞建设、搞改革，最终目的就是让人民过上好日子。"[2]"带领人民创造幸福生活，是我们始终不渝的奋斗目标。"[3] 这些

---

[1]　习近平：《扎实做好保持党的纯洁性各项工作》，《求是》2012 年第 6 期。

[2]　人民日报社理论部编：《深入学习习近平同志重要论述》，人民出版社 2013 年版，第178 页。

[3]　《习近平谈治国理政》第二卷，外文出版社 2017 年版，第 40 页。

重要论述既是对历史经验的概括总结，也是对今后发展的方向指引。坚持发展为了人民，就要真正做到把人民作为发展的根本目的，把增进人民福祉、促进人的全面发展作为发展的出发点和落脚点。为此必须坚决摒弃形式主义、"GDP 至上"等各种不合理、不健康的发展观，真正深入了解民情民意，积极回应人民的现实关切，着力解决人民最直接、最现实、最迫切的问题，不断实现人民的根本利益。

其次，在发展动力上要坚持发展依靠人民。马克思主义唯物史观认为，人民是历史的主体，是推动历史发展的决定性力量，任何时代的历史活动都是人民群众的事业。毛泽东指出："人民，只有人民，才是创造世界历史的动力。"[1] 习近平总书记也指出："人民是历史的创造者，群众是真正的英雄。人民群众是我们力量的源泉。"[2] 无论是革命、建设还是改革事业的巨大成就，归根结底都是人民群众努力奋斗的结果。在新时代，进行伟大斗争、建设伟大工程、推进伟大事业、实现伟大梦想，都必须充分依靠人民的力量，才能为发展不断注入强大的物质力量和精神动力。为此必须植根于群众之中，尊重人民的主体地位和首创精神；必须充分调动人民的积极性、主动性和创造性，最大限度地汲取人民群众的智慧和力量，最广泛地动员人民群众投身到社会主义现代化建设伟大事业社会主义现代化建设伟大事业之中。[3]

最后，在发展效果上要坚持发展成果由人民共享。这是中国特色社会主义的本质要求，是社会主义制度优越性的集中体现，是社会主义道路区别于资本主义发展模式的根本标志。人民是发展的根本目的和根本动力，这就决定了发展成果必须由人民共享。人民是党和国家一切工作的最高裁决者和最高评判者，要以人民拥护不拥护、赞成不赞成、高兴不高兴、答

---

① 《毛泽东选集》第三卷，人民出版社 1991 年版，第 1031 页。

② 《习近平在十八届中共中央政治局常委同中外记者见面时强调　人民对美好生活的向往就是我们的奋斗目标》，《人民日报》2012 年 11 月 16 日。

③ 参见付海连、邱耕田：《习近平以人民为中心的发展思想的生成逻辑与内涵》，《中共中央党校学报》2018 年第 4 期。

应不答应作为衡量党和国家一切工作是非得失的根本标准。习近平总书记指出："检验我们一切工作的成效，最终都要看人民是否真正得到了实惠，人民生活是否真正得到了改善，人民权益是否真正得到了保障。"[1]为此首先必须坚持以经济建设为中心，不断解放和发展生产力，努力把"蛋糕"做大，为全体人民在各方面共享改革发展成果奠定坚实的物质基础；其次必须加强制度建设和制度安排，不断促进社会的公平正义，把"蛋糕"分好，努力提高人民群众的满意度和获得感，为全面实现发展成果由人民共享提供更加有效的制度保障。

以人民为中心的发展思想，鲜明体现了中国共产党和中国特色社会主义的人民立场，高度契合了促进人的全面发展、社会全面进步以及实现民族复兴的根本要求[2]，深刻揭示出中国特色社会主义道路相比于其他社会发展模式的显著特征——既不同于中国古代社会"兴，百姓苦；亡，百姓苦"的治乱循环模式，又不同于西方资本主义社会将人异化为手段的发展模式，而是把人民作为目的、以人民为主体的新型发展模式。为了更好地创造中国人民的美好生活，就必须继续毫不动摇地坚持和发展中国特色社会主义道路，把以人民为中心的发展思想贯彻落实到经济社会发展的各个环节，不断实现好、维护好、发展好最广大人民的根本利益。

二、社会主要矛盾的客观转化

党的十九大报告指出："中国特色社会主义进入新时代，我国社会主要矛盾已经转化为人民日益增长的美好生活需要和不平衡不充分的发展之间的矛盾。"[3] 这是中国共产党对我国社会主要矛盾作出的新的重要论断。

---

[1]　《十八大以来重要文献选编》（上），中央文献出版社 2014 年版，第 698 页。

[2]　参见李怡、肖昭彬：《"以人民为中心的发展思想"的理论创新与现实意蕴》，《马克思主义研究》2017 年第 7 期。

[3]　习近平：《决胜全面建成小康社会　夺取新时代中国特色社会主义伟大胜利——在中国共产党第十九次全国代表大会上的报告》，人民出版社 2017 年版，第 11 页。

社会主要矛盾的转化是关系国家事业发展全局的历史性转变，是中国特色社会主义进入新时代的重要标志和重要特征。在社会主要矛盾发生客观转化的情况下，是否应该继续坚持中国特色社会主义道路，应该怎样坚持中国特色社会主义道路？要对这些问题作出回答，需要准确把握新时代我国社会主要矛盾重要论断的理论和实践内涵。

首先，新时代我国社会主要矛盾的转化是改革开放以来中国特色社会主义建设取得重大成就的客观结果。在过去很长一段时间里，我国社会主要矛盾都是人民日益增长的物质文化需要同落后的社会生产之间的矛盾。这主要是基于当时我国经济社会发展水平不高、社会生产力相对落后的国情。经过改革开放以来 40 多年的发展，之前关于社会主要矛盾的表述已经不能完全符合当前社会主要矛盾的实际情况。我国已经稳定解决了十几亿人的温饱问题，人民生活水平显著提高，物质文化需要得到基本满足，并且已经实现全面小康，人民的生活需求已经拓展到更多领域和更高层次。与此同时，我国经济总量稳居世界第二，社会生产力水平总体上显著提高，社会生产能力在很多方面进入世界前列，基本摆脱了原来落后的社会生产的状况。这些举世瞩目的显著变化是我国坚持中国特色社会主义道路所取得的重大成就，有力证明了中国特色社会主义道路的正确性，必须继续毫不动摇地坚持。

其次，新时代我国社会主要矛盾的转化没有改变我国仍处于并将长期处于社会主义初级阶段的基本国情。一方面，尽管我国经济社会发展水平明显提高，但与发达国家相比仍然有着较大差距，发展不平衡不充分的状态仍然较为突出；另一方面，尽管纵向来看，人民生活水平与之前相比已经有了显著提高，但横向来看，我国人均 GDP 和人均可支配收入在世界范围内仍然处于比较靠后的位置，人民的幸福感和获得感仍然有待进一步提升。这些都表明，我国当前距离基本实现社会主义现代化还有一定差距，我国仍处于并将长期处于社会主义初级阶段，仍是世界最大发展中国家。我们要清醒认识到，新时代社会主要矛盾转化仍然是在社会主义初级阶段内的变化，而不是超越这个阶段的变化，因此解决转化后的社会主要矛盾仍然必须立足于社会主义初级阶段这个基本国情和最大实际，解决社会主要矛盾的根本任务仍然是解放和发展社会生产力。① 因此，我们必须牢牢坚持党在社会主义初级阶段的基本路线不动摇，坚持不懈地以发展为第一要务，凝神聚力推进高质量发展，继续加大改革开放力度，着力解决发展不平衡不充分的问题。

最后，新时代我国社会主要矛盾的解决需要不断发展中国特色社会主义道路。新时代我国社会主要矛盾包括两个方面。从需求侧来看，是人民日益增长的美好生活需要。人民对美好生活的需要非常广泛，不仅包括物质文化需要这些客观"硬需要"的全部内容，还包括其衍生的获得感、幸福感、安全感和尊严、权利等具有主观色彩的"软需要"。② 既有的"硬需要"没有消失，并呈现升级态势，人们期盼有更好的教育、更稳定的工作、更满意的收入、更可靠的社会保障、更高水平的医疗卫生服务、更舒适的居住条件、更优美的环境、更丰富的精神文化生活；新生的"软需要"则表现为对民主、法治、公平、正义、安全、环境，对共同富裕，对人的全面发展、社会全面进步都提出了相应要求。从供给侧来看，是不平衡不充分的发展。发展不平衡主要表现为城乡区域发展不平衡、居民生活水平不平衡、基本公共服务提供不平衡。发展不充分主要表现为发展总体水平不充分，部分地区和行业发展不充分以及发展质量不高、效益不好。③ 因此，我们既要着力深化供给侧结构性改革，贯彻新发展理念，统筹推进经济社会全面协调发展，大力提升发展质量和效益；又要贯彻以人民为中心的发展思想，不断深化体制机制改革，确保社会公平正义，更好地推动人的全面发展、社会全面进步。这些都要求我们在继续坚持中国特色社会主义道路基本原则的前提下，通过全面深化改革、全面扩大开放等措施进一步丰富和发展中国特色社会主义道路的理论和实践。

---

① 参见林兆木：《正确认识我国社会主要矛盾的转化》，《人民日报》2018 年 3 月 31 日。
② 参见辛鸣：《正确认识我国社会主要矛盾的变化》，《人民日报》2017 年 11 月 3 日。
③ 参见颜晓峰：《论新时代我国社会主要矛盾的变化》，《中共中央党校（国家行政学院）学报》2019 年第 2 期。

综上所述，我们应该在"变"与"不变"的辩证统一中准确把握新时代我国社会主要矛盾的转化。所谓"不变"，就是我国仍处于并将长期处于社会主义初级阶段的基本国情没有变；所谓"变"，就是指社会主义初级阶段具有不断变化的特点。① 因其"不变"，所以我们要毫不动摇地坚持中国特色社会主义道路；因其"变"，所以我们要根据现实情况的变化，在理论创新和实践探索的基础上不断丰富和发展中国特色社会主义道路的具体内涵。总之，从现实国情的角度看，新时代我国社会主要矛盾的客观转化决定了我们必须在当前和今后一段时期内继续坚持和发展中国特色社会主义道路，为把我国建设成富强民主文明和谐美丽的社会主义现代化强国而不懈奋斗。

三、新时代中国特色社会主义发展的战略安排

战略问题是一个国家的根本性问题，直接关系到国家发展的总体目标、方式方法和发展阶段。改革开放以来，中国共产党根据历史条件和时代要求，把实现社会主义现代化的远大目标和不同时期的阶段性任务相结合，先后提出"三步走"战略目标和"两个一百年"奋斗目标，有效推进中国特色社会主义事业不断取得重大成就。这是党和国家事业成功的一条基本经验。在中国特色社会主义进入新时代的历史条件下，党的十九大顺应新变化，提出了新时代中国特色社会主义发展的战略安排，规划了从全面建成小康社会到基本实现社会主义现代化、再到全面建成社会主义现代化强国的时间表、路线图，为顺利推进中国特色社会主义伟大事业提供了前进遵循。这一战略安排包含三个接续发展的重要目标节点，提出了层层推进的重要阶段性目标任务，要实现任何一个都必须始终坚持和不断拓展中国特色社会主义道路。

第一，到 2020 年全面建成小康社会。其总体目标是：经济更加发展、民主更加健全、科教更加进步、文化更加繁荣、社会更加和谐、人民生活

① 参见黄莉：《辩证把握新时代我国社会主要矛盾》，《光明日报》2017 年 12 月 15 日。

更加殷实。为此必须统筹推进"五大建设"，坚定实施"七大战略"，突出抓重点、补短板、强弱项，特别是要坚决打好三大攻坚战。2020 年以来，国际国内形势发生重大变化，中美战略博弈不断升级、新冠肺炎疫情肆虐全球、地区摩擦冲突此起彼伏、国际经济衰退压力加大、全球政治经济格局深度调整，这些重大国际变局对我国经济社会发展造成重大影响，对决胜全面建成小康社会形成严峻挑战。正如习近平总书记指出的，中华民族伟大复兴绝不是轻轻松松、敲锣打鼓就能实现的，我们必须付出更为艰巨、更为艰苦的努力，必须进行伟大斗争，防范化解各种风险。我们必须始终保持强大的战略定力，发挥高超的战略智慧，及时准确地对国内外形势进行战略研判并作出相应的战略应对，以时不我待、只争朝夕的精神，不懈奋斗。习近平总书记在庆祝中国共产党成立 100 周年大会上庄严宣告："经过全党全国各族人民持续奋斗，我们实现了第一个百年奋斗目标，在中华大地上全面建成了小康社会，历史性地解决了绝对贫困问题，正在意气风发向着全面建成社会主义现代化强国的第二个百年奋斗目标迈进。"①

　　第二，在全面建成小康社会的基础上，到 2035 年基本实现社会主义现代化。其总体目标是：经济层面，我国经济实力、科技实力将大幅跃升，跻身创新型国家前列；政治层面，人民平等参与、平等发展权利得到充分保障，法治国家、法治政府、法治社会基本建成，各方面制度更加完善，国家治理体系和治理能力现代化基本实现；文化层面，社会文明程度达到新的高度，国家文化软实力显著增强，中华文化影响更加广泛深入；民生层面，人民生活更为宽裕，中等收入群体比例明显提高，城乡区域发展差距和居民生活水平差距显著缩小，基本公共服务均等化基本实现，全体人民共同富裕迈出坚实步伐；社会治理层面，现代社会治理格局基本形成，社会充满活力又和谐有序；生态文明层面，生态环境根本好转，美丽中国目标基本实现。可以看到，上述目标仍然是按照"五位一体"总体

---

① 习近平：《在庆祝中国共产党成立 100 周年大会上的讲话》，《求是》2021 年第 14 期。

布局提出的，仍然把人民对美好生活的向往作为奋斗目标；与此同时，上述目标要在全面建成小康社会的基础上实现，两者之间具有紧密连续性。由此可见，基本实现社会主义现代化的阶段性目标仍然是中国特色社会主义伟大事业的有机组成部分，仍然要毫不动摇地坚持中国特色社会主义道路的基本理论、基本路线、基本方略。

第三，在基本实现现代化的基础上，到 21 世纪中叶，把我国建成富强民主文明和谐美丽的社会主义现代化强国。其总体目标是：我国物质文明、政治文明、精神文明、社会文明、生态文明将全面提升，实现国家治理体系和治理能力现代化，成为综合国力和国际影响力领先的国家，全体人民共同富裕基本实现，我国人民将享有更加幸福安康的生活，中华民族将以更加昂扬的姿态屹立于世界民族之林。这是第二个百年奋斗目标的最终实现，也是更加全面、更高质量的实现。到那时，古老的中华文明将焕发出前所未有的生机活力，社会主义事业也将焕发出前所未有的生机活力。要实现这一目标，同样要毫不动摇地坚持中国特色社会主义道路的基本理论、基本路线、基本方略。

新时代中国特色社会主义发展的战略安排，最终目标是实现社会主义现代化。这是一条完全不同于发达国家走过的资本主义现代化的全新的现代化道路，成功拓展了发展中国家走向现代化的途径。实践已经并将继续证明，中国特色社会主义道路是实现社会主义现代化、创造人民美好生活的必由之路。面向未来，建设社会主义现代化国家，我们要更加自觉地增强"四个自信"，保持政治定力，坚持实干兴邦，始终坚持和发展中国特色社会主义。

第 三 章

中国特色社会主义道路的特色及优势

随着中国发展取得的令人瞩目的成就，中国特色社会主义道路得到国内外的广泛关注。关于中国特色社会主义道路的内涵，大多数国内学者有着比较一致的看法，认为其内涵侧重两个方面，即社会主义和中国特色，前者强调了社会主义的本质属性，规定了中国道路的方向、原则和价值目标，区别于资本主义；后者强调这种社会主义是基于中国国情的、具有国别特色的社会主义，区别于教条主义和其他国家的社会主义；两者之间是一致性与多样性、普遍性与特殊性的关系，中国特色社会主义道路是科学社会主义基本原则同中国具体实际相结合的社会主义道路。国外学者对中国特色社会主义道路有着不同的看法，有些学者将中国特色社会主义道路定义为中国化的马克思主义、新版的马克思主义等，认为中国打破传统社会主义框架，利用资本主义经验又克服其弊端，为超越资本主义的发展模式及消除资本主义的缺陷提供了一种社会主义的发展路径；有的学者将中国特色社会主义实践概括为北京共识、中国模式等，认为其超越了"华盛顿共识"的改革模式和特定前途，但有的概括模糊或回避了中国特色社会主义道路的社会主义性质；还有一些学者错误地将中国特色社会主义归为国家资本主义、儒教资本主义，认为中国走的是资本主义道路。这其中有对中国特色社会主义道路的客观分析，也有相当程度的误解、误读和意识形态偏见。进入新时代，在中国人民沿着中国特色社会主义道路日益接近中华民族伟大复兴的光明前景、中国特色社会主义日益成为 21 世纪科学社会主义运动的参照系、日益拓展发展中国家走向现代化的途径而更具世界历史意义的新的历史方位上，究竟如何在世界历史的视野中、在科学社会主义运动中、在中国自身国情中去理解中国特色社会主义道路区别于资本主义也不同于苏联模式和其他社会主义国家发展道路的特色及优势，既是新时代坚持和发展中国特色社会主义道路的前提，也是增强"四个自信"的关键。

第一节 "中国特色"的核心语境：社会主义

认识中国特色社会主义道路的特色，首先要把它放到社会主义的大框架中去理解，"中国特色"与"社会主义"是紧密联系、不可分割的。离开"中国特色"谈"社会主义"，可能将社会主义看成是一成不变的模式和书本上的教条而照搬照抄；离开"社会主义"谈"中国特色"，则可能以"特色"模糊"社会主义"本质而得出"中国特色资本主义"的错误结论，国际上对中国特色社会主义道路的一些误解误读多源于此。所以，在分析中国特色社会主义道路的特色与优势之前，有必要对中国特色社会主义道路的社会主义性质有一个客观准确的认识，这是阐释"中国特色"的核心语境和根本依据。

关于中国特色社会主义道路的性质，习近平总书记多次强调，中国特色社会主义是社会主义，不是别的什么主义。① 它遵循了科学社会主义的基本原则，既超越了马克思所批判的封建的社会主义、小资产阶级的社会主义、资产阶级的社会主义和空想社会主义，也不同于生态社会主义、市场社会主义等现实流派，其本质是科学社会主义在当代中国的具体实践。

"社会主义"一词自产生至今有三百多种界定，而在形形色色的社会

---

① 参见习近平：《关于坚持和发展中国特色社会主义的几个问题》，《求是》2019 年第 7 期。

主义流派中，马克思恩格斯的社会主义理论之所以成为科学，是因为其超越了其他流派从道义角度批判资本主义的空想，以及无法触及资本主义固有矛盾而寄于其自我改良的幻想，以唯物史观和剩余价值论为两大理论基石，深刻揭示了资本主义的根本矛盾以及必然被社会主义所代替的历史趋势、无产阶级作为资本主义掘墓人的历史使命以及建立新社会的途径。在马克思恩格斯的设想中，未来社会是一个生产力高度发达，消灭了商品、货币和市场，实行公有制、按劳分配和计划经济，实现人的自由全面发展的"自由人联合体"。①

　　然而，现实中社会主义的产生与马克思恩格斯所设想的有所不同。首先，社会主义革命最先在经济文化落后的国家发生，而不是在发达资本主义国家发生。这与自由资本主义发展到垄断阶段的时代变化有关。按照马克思的论述，在资本的积累和无产阶级的贫困积累都达到顶点时，便产生了一国内社会主义取代资本主义的客体和主体条件。但资本主义进入垄断时代后，资本的全球扩张和掠夺使得两大积累转移到整个世界体系中进行，资本越来越集中在发达国家，贫困越来越集中在落后国家，资本主义的内外矛盾转嫁到了落后国家的无产阶级身上并使其率先具备了革命的主体条件，最终导致社会主义革命首先在俄国这一帝国主义链条上最薄弱的环节、但是生产力和物质积累远远不及资本主义发达国家的经济文化落后国家发生。② 这也带来了随后的第二个问题，即不具备物质客体条件的落后国家如何建设社会主义的问题。

　　关于落后国家如何建设社会主义的问题，苏联作为第一个社会主义国家进行了探索。十月革命后列宁曾将马克思恩格斯关于经典社会主义的设想直接用于实践但却引发了严重的政治经济问题，使他认识到在一个小农占优势的落后国家里无法直接过渡而只能"迂回过渡"到社会主义，这需要一个相当长的时期，从而采用新经济政策即利用商品、货币和市场来

---

① 参见《马克思恩格斯选集》第 1 卷，人民出版社 1995 年版，第 294 页。
② 参见鲁品越：《社会主义诞生条件的分离与中国特色社会主义基本特征》，《马克思主义研究》2013 年第 8 期。

"走向"或"过渡到"社会主义，开启了落后国家如何走向社会主义的最初探索。而后斯大林建立起以单一公有制和高度集中的计划经济体制为特征的苏联模式并向其他社会主义国家推行，但随着实践发展日益暴露出诸多弊端。这促使其他社会主义国家开始探索不同于苏联的政治经济体制，也由此在社会主义国家内部提出了"社会主义是一元的还是多元的"问题。至此，苏联的实践给社会主义国家提出两个课题，一是落后国家能否直接运用马克思恩格斯关于未来社会的一些设想来建设社会主义；二是社会主义道路是否具有多样性。

上述课题在中国的社会主义实践中得到了回应。经过艰辛探索，中国共产党围绕在经济文化落后的国家如何建设社会主义形成了中国自己的道路、理论、制度、文化，创立了中国特色社会主义，实现了马克思主义的中国化。第一，明确社会主义道路具有多样性，冲破了苏联模式的束缚，提出建设符合中国国情的、有中国特色的社会主义。毛泽东最先提出马克思主义中国化的问题，指出马克思主义必须和我国的具体特点相结合并通过一定的民族形式才能实现。在认识到苏联社会主义建设的一些问题后，提出"以苏为鉴"，探索适合中国情况的社会主义建设道路。邓小平明确提出建设有中国特色的社会主义，强调"照抄照搬别国经验、别国模式，从来不能得到成功"，而应"把马克思主义的普遍真理同我国的具体实际结合起来，走自己的道路"。① 第二，提出社会主义初级阶段论，初级阶段的社会主义不同于马克思论述的经典社会主义，必须经过一个长期的大力发展生产力的过程走向经典社会主义。党的十三大报告指出："我们的社会主义是脱胎于半殖民地半封建社会，生产力水平远远落后于发达的资本主义国家，这就决定了我们必须经历一个很长的初级阶段，去实现别的许多国家在资本主义条件下实现的工业化和生产的商品化、社会化、现代化。""我国社会主义的初级阶段……不是泛指任何国家进入社会主义都会经历的起始阶段，而是特指我国在生产力落后、商品经济不发达条件下

---

① 《邓小平文选》第三卷，人民出版社 1993 年版，第 2、3 页。

建设社会主义必然要经历的特定阶段。"① 社会主义初级阶段论的提出，阐明了由于与经典社会主义生产力的巨大差距带来的如何定位落后国家社会主义的历史形态及发展方位的问题，这是落后国家建设社会主义的时空依据。社会主义初级阶段不是一个静态、一成不变、停滞不前的阶段，也不是一个自发、被动、不用费多大气力自然而然就可以跨过的阶段，习近平总书记就此强调，是一个动态、积极有为、始终洋溢着蓬勃生机活力的过程，是一个阶梯式递进、不断发展进步、日益接近质的飞跃的量的积累和发展变化的过程。② 第三，提出社会主义本质论。经过社会主义建设的长期探索和反思，我们党逐渐认识到贫穷不是社会主义，发展太慢也不是社会主义，社会主义优越性体现在生产力能够更好地发展上，走社会主义道路就是要逐步实现共同富裕等，在此基础上形成了对社会主义本质的科学论断，即解放生产力，发展生产力，消灭剥削，消除两极分化，最终达到共同富裕。这就要求我们在坚持科学社会主义原则的前提下，对阻碍生产力发展的体制机制进行改革和完善，使社会主义富有生机活力，实现生产力发展、公平正义和共同富裕。上述论断，从根本上回答了长期困扰落后国家的究竟如何认识社会主义、如何建设社会主义的问题，为科学社会主义的具体实践注入了鲜活的时代性和民族性因素，并以中国特色社会主义建设的理论及实践成果，不断推动着科学社会主义的丰富和发展。

综上所述，中国特色社会主义的本质是社会主义。首先，中国特色社会主义坚持了科学社会主义的基本原则，如坚持社会主义必然取代资本主义并以共产主义为最高理想，坚持以人的自由全面发展为根本目标，坚持公有制、按劳分配和共同富裕，坚持无产阶级政党领导等，并根据时代条件赋予其鲜明的中国特色。其次，中国特色社会主义当前处于初级阶段这一社会主义发展进程中的特定历史方位，这是落后国家迈向马克思所论述的经典社会主义的必经阶段，这一阶段也将随着中国特色社会主义建设的

①　《十三大以来重要文献选编》（上），人民出版社 1991 年版，第 10、12 页。
②　参见习近平：《深入学习坚决贯彻党的十九届五中全会精神 确保全面建设社会主义现代化国家开好局》，《人民日报》2021 年 1 月 12 日。

推进而不断迈向更高阶段。最后，中国特色社会主义是世界社会主义的一种实践，是现实各社会主义国家立足各自国情、建设有国别特色的社会主义中的一种。因此，中国特色社会主义的本质是社会主义，是科学社会主义基本原则、当前初级阶段的历史方位、中国国情三者相融合的社会主义。

第二节　中国特色社会主义道路的特色内容

科学社会主义作为社会主义的共性原理，运用于实践时必然由于时代特点和各国国情的不同而体现出特殊性也即鲜明的国别和民族特色。马克思恩格斯就此强调，"这些原理的实际运用……随时随地都要以当时的历史条件为转移"①。列宁更明确指出，马克思主义的理论"提供的只是总的指导原理，而这些原理的应用具体地说，在英国不同于法国，在法国不同于德国，在德国又不同于俄国"②。"一切民族都将走向社会主义，这是不可避免的，但是一切民族的走法却不会完全一样，在民主的这种或那种形式上，在无产阶级专政的这种或那种形态上，在社会生活各方面的社会主义改造的速度上，每个民族都会有自己的特点。"③ 中国特色社会主义就是社会主义的共性原理和中国具体实际的特殊性的结合，是在科学社会主义框架内，基于中国特殊的历史、文化传统、基本国情，形成的具有本国特色的发展道路。这一道路相对于资本主义来说，体现的是社会主义道路与资本主义道路之间的根本区别；相对于马克思恩格斯所设想的经典社会主义来说，体现的是两种不同历史方位的社会主义发展阶段的区别；相对于其他社会主义国家来说，体现的是基于各自国情和历史文化传统的各国社会主义建设道路的区别。反映在具体内容上，中国特色社会主义道路具有多方面的显著特色，其中突出体现在以下几个方面。

---

① 《马克思恩格斯文集》第 2 卷，人民出版社 2009 年版，第 5 页。
② 《列宁选集》第 1 卷，人民出版社 2012 年版，第 274—275 页。
③ 《列宁选集》第 2 卷，人民出版社 2012 年版，第 777 页。

一、中国共产党领导

中国共产党的领导是中国特色社会主义最本质的特征①，也是科学社会主义的根本要求。马克思恩格斯指出，社会主义代替资本主义必须通过无产阶级革命实现，而无产阶级革命必须由无产阶级政党领导，才能在解放自身的同时解放全人类，走向共产主义的理想社会。这一历程反映在中国，就是近代以来中国共产党带领中国人民在社会主义道路引领下实现民族独立与人民解放、实现国家富强和民族复兴并不断为人类作出更大贡献的过程。鸦片战争后，面对中国半殖民地半封建社会的深重危机，中国共产党带领中国人民通过新民主主义革命实现了中华民族独立与解放、重塑了国家主权与尊严，建起了社会主义新中国；通过社会主义革命确立了社会主义基本制度，奠定了中国发展进步的先进制度基础；通过改革开放新的伟大革命确立了由社会主义初级阶段迈向经典社会主义的现实路径，开辟了中国特色社会主义道路；通过坚持和发展新时代中国特色社会主义，将中国建成社会主义现代化强国，实现由站起来、富起来到强起来的历史性跨越。中国近代以来的伟大社会变革及成就表明，中国共产党领导是中国坚持社会主义和发展社会主义的根本保证。

首先，中国共产党领导确保了中国特色社会主义道路的社会主义方向。作为马克思主义指导下的无产阶级政党，中国共产党始终坚持社会主义和共产主义信念，即使在苏东剧变后世界社会主义运动遭受严重挫折的情况下，中国共产党没有改旗易帜，而是带领中国人民更加鲜明地坚持社会主义旗帜和方向，在实践中经受住了颜色革命、金融危机等一系列考验，以令人瞩目的成就加速了自身崛起，成为世界社会主义的中流砥柱和一面旗帜，彰显出社会主义作为一种代表人类发展进步趋势的制度形态和文明形态的强大生命力。

---

① 参见《习近平总书记系列重要讲话读本（2016 年版）》，学习出版社、人民出版社 2016 年版，第 102 页。

其次，中国共产党领导推进了中国特色社会主义事业的与时俱进。中国共产党领导的中国特色社会主义，将科学社会主义基本原则与中国国情和时代特点相结合，不断深化对"什么是社会主义、怎样建设社会主义""建设什么样的党、怎样建设党""实现什么样的发展、怎样发展"三大规律的认识，依据中国在社会主义发展进程中的历史方位的演进，围绕如何立足当前社会主义初级阶段基本国情推进各方面建设，如何在新时代推动中国由社会主义大国迈向社会主义强国，由社会主义初级阶段向更高阶段迈进等重大课题，坚持和完善中国特色社会主义制度，不断推进中国特色社会主义的重大理论及实践创新，避免了苏联模式的僵化与教条，实现了中国发展的与时俱进。

最后，中国共产党领导发展了确保人民当家作主的社会主义民主。通过人民代表大会制度、中国共产党领导的多党合作和政治协商制度、民族区域自治制度、基层群众自治制度等制度安排，中国共产党发展了广泛的人民民主，塑造了不同于西方多党竞争制的合作和谐的政党间关系，既防止了苏联模式下一党缺乏监督的弊端，也超越了西方多党制下多党轮流坐庄、恶性竞争、相互倾轧的困境，保证了各领域、各阶层和各团体的有序政治参与和利益表达，避免了西方选举民主下因选制关系而合法产生的多数却每每偏离和背离民意的"民主悖论"①，确保了人民当家作主。长期以来，在中国共产党领导下中国实现了长期的政治稳定、经济社会的快速发展、人民生活水平的持续提高和国际地位的不断增强。实践证明，强有力的中国共产党领导既是中国特色社会主义的鲜明特色，又是最大优势，是将中国特色社会主义事业不断推向前进的根本保障。

二、公有制为主体、多种所有制经济共同发展

公有制是社会主义与资本主义具有决定意义的差别。但在公有制的实

---

① 参见徐锋：《中国特色社会主义协商民主：为人类民主探索提供充满中国智慧的方案》，《团结报》2018 年 1 月 30 日。

现条件上，马克思主义创始人也指出，单一公有制的建立以生产力的高度
发达为前提，是随着生产力的发展而逐步实现的过程，无法一蹴而就。①
落后国家在建设社会主义的探索中对这一问题的认识是逐步深化的，列宁
在实施战时共产主义政策过程中意识到，在一个小农占优势的落后国家无
法直接进行社会主义的生产和分配，"用'强攻'办法即用最简单、迅
速、直接的办法来实行社会主义的生产和分配原则的尝试已告失败"②，
这中间需要一个长期的过渡时期，之后苏联模式的单一公有制和我国曾实
行的"一大二公"也由于超越了现实生产力水平而日益成为生产力发展
的阻碍。在客观认识到我国社会主义初级阶段的生产力水平低、多层次、
不平衡的基础上，我国在坚持公有制为主体这一前提下，开始了所有制结
构的改革和探索，党的十二大指出我国在很长时期内需要多种经济形式的
同时并存，将个体经济作为公有制经济的必要的、有益的补充；党的十三
大提出在公有制为主体的前提下继续发展多种所有制经济；党的十五大明
确公有制为主体、多种所有制经济共同发展是我国社会主义初级阶段的一
项基本经济制度；党的十六大提出毫不动摇地巩固和发展公有制经济，毫
不动摇地鼓励、支持和引导非公有制经济发展；党的十八届三中全会进一
步明确公有制经济和非公有制经济都是社会主义市场经济的重要组成部
分，都是我国经济社会发展的重要基础，并将混合所有制经济作为基本经
济制度的重要实现形式；党的十九大将"两个毫不动摇"写入新时代坚
持和发展中国特色社会主义的基本方略。在改革过程中，我们既坚持公有
制为主体、促进非公有制经济发展，又坚决反对新自由主义的私有化浪
潮，使得公有制为主体、多种所有制经济共同发展成为我国既坚持社会主
义性质又促进社会生产力发展的坚实根基。

　　相比资本主义国家私有制为主体，我国坚持公有制为主体的突出优势
在于相当数量的国有经济掌握国家经济命脉、主导国民经济发展方向，通

---

① 　参见《马克思恩格斯选集》第 1 卷，人民出版社 2012 年版，第 304 页。
② 　《列宁全集》第 42 卷，人民出版社 2017 年版，第 236—237 页。

过关系国计民生的重要行业和关键领域的产业发展及传导带动，以及对社会主义国家发展战略的有效贯彻，在引导国民经济运行态势和发展趋势、提升国民经济运行效率、抵御国内外发展风险等方面发挥着重要作用，这种"社会主义属性"的优势成为我国成功应对 2008 年国际金融危机的重要支撑，加速了国内经济复苏。长期以来，国有经济在保证我国的社会主义性质、维护国家经济安全、贯彻国家发展战略、促进社会公平正义与共同富裕等方面发挥着重要作用。另外，相比苏联模式单一公有制，我国非公有制经济的存在大大增强了国民经济的活力，民营经济贡献了 50% 以上的税收、60% 以上的国内生产总值、70% 以上的技术创新成果、80% 以上的城镇劳动就业、90% 以上的企业数量，成为创业就业的主要领域、技术创新的重要主体、国家税收的重要来源，为推动形成各类市场主体充分竞争的社会主义市场经济，形成各种所有制经济取长补短、相互促进的社会化大生产格局起到了重要作用。而鼓励支持又引导的方法，使得我国在发展非公有制经济的同时将其纳入国有经济主导的国民经济轨道，形成国民共进、有序发展的经济体系。

三、社会主义市场经济

社会主义与市场经济相结合是中国特色社会主义最具创造性的实践之一。此前，按照传统观点，市场是与私有制紧密相连的。在马克思恩格斯的设想中，未来社会取消了商品、货币和市场，全社会共同占有生产资料，计划成为调节手段。在社会主义国家的早期实践中，总体上都将计划视为社会主义的基本特征、将市场视为资本主义的基本特征，尽管也做了一些在计划主导范畴内引入市场调节的尝试，但总体上未能突破计划框架的局限，这逐渐成为生产力发展的严重阻碍。在这一问题上，邓小平突破了传统观念的桎梏，创造性地提出市场机制中性论，指出"计划经济不等于社会主义"，"市场经济不等于资本主义"，"计划和市场都是经济手段"[①]，社

---

① 《邓小平文选》第三卷，人民出版社 1993 年版，第 373 页。

会主义可以而且应该利用市场大力发展生产力，创立了社会主义市场经济理论。这一论断的重大意义在于，明确提出市场经济是"经济手段"而将其定性于经济运行机制范畴而非基本制度范畴，从而将市场这一经济运行机制从资本主义基本制度中离析出来①，成为落后国家发展社会生产力的重要手段，这是对落后国家如何建设社会主义的一个重大理论创新和实践贡献。在此基础上，党的十四大正式提出建立社会主义市场经济体制，使市场在社会主义国家宏观调控下对资源配置起基础性作用；党的十八届三中全会在进一步深化对政府和市场关系认识的基础上，提出使市场在资源配置中起决定性作用和更好发挥政府作用；党的十九届四中全会进一步将社会主义市场经济体制上升为社会主义基本经济制度。在中国特色社会主义经济建设中，社会主义市场经济成为推动经济持续快速发展的重要因素。

社会主义市场经济与西方市场经济的显著区别在于，市场既被激励又被引导，推进市场改革和积极发挥市场作用的同时使其运行服务于社会主义的总体目标。我国是在社会主义的制度前提下发展市场经济，社会主义这一定语既规定了社会主义市场经济的制度属性，又以社会主义制度的优越性有效防范自由市场的缺陷及弊端。西方自由市场并非万能，除了加剧私有制基础上的贫富差距等社会问题，在经济运行中也有着无法克服的内在缺陷，由于市场个体行为的短期性、市场调节的自发性、盲目性以及总需求小于总供给的非均衡状态而带来周期性的经济波动乃至经济危机。而建立在私有制基础上的政府调控只能进行短期调节而无法解决市场周期波动的根本问题，近年来国际上盛行的新自由主义政府调控最小化更是加剧了这一问题。相比之下，社会主义市场经济在国家中长期规划和社会主义宏观调控之下，针对市场的上述内在缺陷，重在克服市场主体基于眼前和个人利益的"理性行为"和"理性预期"所导致的宏观经济的非理性和非

---

①　参见顾海良、张雷声：《从马克思到社会主义市场经济》，北京出版社 2001 年版，第347 页。

效率，进而提高从个体到社会规模的合理行为的标准，从而达到较高的宏观效率和长期的经济社会稳定。这既是社会主义的本质要求，也是社会主义市场经济的内在优势。与此同时，社会主义国家的宏观调控将效率与公平结合起来，一方面利用市场经济加快生产力发展，一方面通过社会政策对市场弊端进行限定和纠偏。这种将有效市场与有为政府结合在一起的社会主义市场经济，有效避免了西方新自由主义模式下过度的自由市场导致的经济与社会危机，使市场从属和服务于社会主义的发展目标及发展要求。

四、共同富裕

共同富裕是马克思主义的一个基本目标和社会主义优越性的集中体现。马克思恩格斯曾指出，在未来社会"社会生产力的发展将如此迅速……生产将以所有人的富裕为目的"[1]，"所有人共同享受大家创造出来的福利"[2]。这一目标在中国明确为社会主义的本质、中国特色社会主义的根本原则，也是中国共产党人的重要使命。但共同富裕的实现以生产力的高度发达为前提，是"使社会生产力及其成果不断增长，足以保证每个人的一切合理的需要在越来越大的程度上得到满足"[3]的过程，社会主义初级阶段的生产力尚不具备一下实现共同富裕的条件，因此改革开放后我国根据现有条件采取将先富与共富相结合、效率与公平相结合、发展经济和改善民生及扶贫开发相结合的方法，分步骤、有重点地推进共同富裕，实现了人民生活由温饱不足到全面小康的跨越，城乡区域发展协调性不断增强，特别是脱贫攻坚战的全面胜利，使得农村贫困发生率由1978年的97.5%到现今全面消除绝对贫困，对全球减贫贡献超过70%，在实现共同富裕的道路上迈出了坚实的一大步。[4] 在此基础上，党的十九届五

---

① 《马克思恩格斯全集》第46卷（下），人民出版社1980年版，第222页。

② 《马克思恩格斯选集》第1卷，人民出版社1995年版，第243页。

③ 《马克思恩格斯选集》第3卷，人民出版社1995年版，第336页。

④ 参见国家统计局：《沧桑巨变七十载 民族复兴铸辉煌——新中国成立70周年经济社会发展成就系列报告之一》，见 http://www.stats.gov.cn/tjsj/zxfb/201907/t20190701_1673407.html。

中全会提出，2035 年基本实现社会主义现代化之时，全体人民共同富裕取得更为明显的实质性进展；本世纪中叶建成社会主义现代化强国之时，全体人民共同富裕基本实现。

在推进共同富裕的过程中，我们始终坚持共同富裕这一社会主义的本质和目标，形成了既超越资本主义难以克服贫富分化的制度弊端、又不脱离社会主义初级阶段发展实际、符合我国国情又富有时代特色的共同富裕之路。第一，以社会主义基本经济制度夯实共同富裕的制度基础。按照马克思主义基本原理，分配决定于生产，"消费资料的任何一种分配，都不过是生产条件本身分配的结果"①。在社会主义公有制及其按劳分配下，基于个人能力的收入差别是在一定程度和范围内，而私有制下以资本为主的要素分配则导致巨大的收入鸿沟。这一点上西方学者也同样将财产所有权列为导致收入差别的首要原因，而相较之下个人能力因素对贫富差距的影响是"微不足道的"②，这也是资本主义制度难以克服贫富分化的根本原因。我国公有制为主体、多种所有制经济共同发展，以及按劳分配为主体、多种分配方式并存的基本经济制度，超越了资本主义私有制无法克服贫富分化的根本缺陷，为实现共同富裕提供了根本制度保障。

第二，大力发展生产力，夯实共同富裕的物质基础。针对改革开放之初我国作为低收入国家仍未解决温饱问题的现状，始终坚持以发展为第一要务，并通过党的十三大确立的"三步走"战略、党的十五大的"新三步走"战略以及党的十九大的"两个一百年"奋斗目标，明确了解决温饱、总体小康到全面小康、基本实现现代化、建成社会主义现代化强国的时间节点及有关发展指标。经过改革开放以来 40 多年的高速增长，我国已经全面建成小康社会，目前稳居世界第二大经济体和上中等收入国家行列，2035 年人均 GDP 将达到中等发达国家水平，为同步推进共同富裕奠定坚实的物质基础。

---

① 《马克思恩格斯选集》第 3 卷，人民出版社 1995 年版，第 306 页。
② 参见［美］萨缪尔森：《经济学》下册，高鸿业译，商务印书馆 1982 年版，第 231 页。

第三，在"富起来"的基础上着力解决发展不平衡不充分的问题，加快朝着共同富裕的目标迈进。党的十八大以来以习近平同志为核心的党中央加快推进共同富裕，统筹城乡区域协同发展，坚决打赢脱贫攻坚战，通过精准扶贫方略和开发式扶贫方针，使得现行标准下9899万农村贫困人口全部脱贫，完成了消除绝对贫困的艰巨任务，不仅在解决困扰中华民族几千年的绝对贫困问题上取得了历史性成就，而且为世界减贫治理作出了中国贡献、创造了中国样本。在此基础上，新发展阶段将"促进全体人民共同富裕摆在更加重要的位置"，通过全面实施乡村振兴战略、推进区域协调发展和新型城镇化、推进基本公共服务均等化等举措，使得城乡区域发展差距和居民生活水平差距显著缩小，确保未来30年全体人民共同富裕基本实现，彰显社会主义在实现共富共享、推动可持续发展上的制度优越性及光明前景。

五、社会主义文化

中国特色社会主义坚持以马克思主义为指导，同时吸收了中华优秀传统文化的合理因素，形成了马克思主义与中华优秀传统文化相结合、科学性和民族性相融合的社会主义文化，使得中国特色社会主义道路具有了不同于西方的价值导向与文明意蕴。中华文化源远流长，深刻影响着中华民族的民族性格和思想价值观念。马克思主义虽然来自西方，但与中华传统文化具有许多相通之处，如唯物论、无神论、辩证法的传统，民主主义、人道主义思想的传统，历史唯物主义思想因素，等等。特别是古代中国一直以来都有着"天下为公"的理想社会追求，无论是儒家的"大同"、墨家的"尚同"、道家"至德之世"的社会理想，还是以家国天下为己任的情怀，都使得中华传统文化与社会主义之间具有了天然的联系和亲和性，因而"马克思主义很容易在中国的土壤里生根"[1]，这成为两者可以结合

---

[1] 张岱年、程宜山：《中国文化与文化论争》，中国人民大学出版社1990年版，第186页。

的基础。在马克思主义中国化的过程中，中国特色社会主义并未割裂与中华传统文化的联系，而是充分吸收其中的合理因素形成了不同于西方的思想价值体系，体现出鲜明的中国风格与文化自信。

一方面，马克思主义与中华优秀传统文化的结合，赋予当代中国马克思主义以鲜明的民族特色，增强了社会主义意识形态的凝聚力和引领力。如社会主义核心价值观的构建不仅包含着平等公正的社会主义共性价值追求，也将中华优秀传统文化的价值精华如爱国主义、和谐思想、诚信仁义观念等融入其中。中国共产党执政理念中的以人民为中心、和谐社会、小康社会、共同富裕、中华民族共同体和人类命运共同体等思想，也是在马克思主义实现人的自由全面发展、建立"真正的共同体"的目标和价值导向下，与中华优秀传统文化中的重民本、尚和合、求大同等思想的结合与发展。这种根植于中华文化土壤的社会主义价值观和思想理念形成了不同于西方个人主义的价值体系，使得马克思主义具有了鲜明的民族特色，也因此在实践中更具感召力和凝聚力。

另一方面，马克思主义与中华优秀传统文化的结合，赋予中国特色社会主义道路以深厚的文明意蕴，走出了一条不同于西方的文明发展道路。中国特色社会主义道路植根于中华文化沃土，其形成并非偶然，它是从中华民族5000多年的历史文明传承中走出来的，是由中国独特的文化传统、独特的历史命运、独特的国情决定的，中国特色社会主义制度和国家治理体系具有深厚的历史文化底蕴，文明根性成为中国特色社会主义道路的重要内涵。这使得中国特色社会主义道路不仅仅是以马克思主义为指导的社会主义道路，也是蕴含着中华文明基因的人类文明发展道路。长期以来"西方中心论"强调西方道路的普适性和最优性，然而西方的个人主义本位及其对抗制衡、零和博弈的治理逻辑加剧了社会分裂以及国家间冲突，在当前全球性公共问题频发、世界秩序失序之时更凸显出其内在局限性。而中国特色社会主义素来坚持和平、和谐、合作的共同体本位及其"天下一家"的共商共建共享理念，不仅走出了一条不同于西方的和平发展道路，突破了"西方中心论"的道路范式，而且以构建人类命运共同体的中国方案及智慧，为弥合世界性文明冲突、弥补全球治理赤字提供了全新的价值导向、治理方案与未来图景，使得中国特色社会主义道路在人类文明发展之路上日益彰显出世界意义和时代价值。

六、自主开放

后发国家建设社会主义所面临的一个现实就是他们处在西方发达资本主义国家主导的世界市场体系中，因此如何与西方发达国家相处、在世界历史的大背景下建设社会主义成为一个重要问题。这个问题随着冷战结束后经济全球化的突飞猛进而愈加紧迫，社会主义国家既不能被排除在世界经济体系之外，又不能在融入的过程中形成对世界市场的依附；既要同发达国家主导的国际规则接轨，又要保持经济自主性；既要利用资本主义的一切文明成果，又要防止其弊端。二战后包括一些社会主义国家在内的诸多发展中国家在融入全球化和世界经济体系的过程中，由于自身的后发劣势及世界市场中的外围地位而陷入两难境地，有的为了维护经济安全而采取关门搞建设的做法，但导致与世界经济的脱轨及经济发展的严重滞后；有的发展中国家则采取了金融、投资和贸易完全自由化的新自由主义对外开放方案，结果撤除保护措施的民族产业被外资冲垮，民族企业陷入困境，金融和债务危机频发，国家经济主权遭到削弱，致使东欧和拉美地区的众多国家深陷经济衰退、贫富分化、社会动荡的转型困境，其中一些发展中国家丧失了自主发展能力，加深了对"中心国家"的依附状态。

中国解决上述问题的做法是，将对外开放与独立自主相结合，清醒认识全球化的两重性，一方面主动融入世界经济，敏锐把握当今世界和平与发展主题的转换，客观认识到经济全球化是不可阻挡的历史发展趋势，主动加入世界贸易组织，深度参与世界经济，利用全球化的积极因素发展社会主义，成为经济全球化的坚定支持者和重要参与者；另一方面，坚持对外开放的自主性，不同于一些发展中国家全面迅速开放本国市场的做法，而是根据中国实际情况和国家利益，自主制定对外开放的步骤、程度和范围，将对外开放与保护国内发展环境结合起来，与国际接轨的同时坚守国家经济安全，实现自主、安全、可控的开放。如渐进开放国内市场，对敏感产业设置过渡期，进行反垄断与安全审查，有效维护产业安全；坚决防控金融风险，避免盲目的资本项目自由化并保持汇率基本稳定，保证金融安全与自主性；根据行业成熟度，在开放顺序上由竞争力相对较强的制造业到服务业，逐步培养行业竞争力与优势。① 在此基础上，通过积极参与全球经济治理体系改革，争取更加平等、建设性的外部发展环境。正因为如此，中国既利用世界市场大力发展了生产力，又避免了如某些发展中国家在此过程中形成的对世界市场的依附，实现了在全球化中的自主发展，并日益成为当今世界引领新型全球化的重要力量。

第三节　中国特色社会主义道路的特色方法

中国特色社会主义道路的探索和实践遵循了具有自身特色的方法和原则，这也是不同于其他国家建设的独具特色的中国经验。

一、实事求是

坚持一切从实际出发，理论联系实际，实事求是，在实践中检验真理和发展真理，是中国共产党的思想路线，也是坚持和发展中国特色社会主义的根本思想方法。这一思想方法也是马克思主义的一贯主张，在如何运用马克思主义原理这一问题上，恩格斯曾指出："马克思的整个世界观不是教义，而是方法。它提供的不是现成的教条，而是进一步研究的出发点和供这种研究使用的方法。"② 这一方法由毛泽东明确为"实事求是"并成为中国共产党的基本思想方法、工作方法、领导方法。在中国的革命、建设和改革中，中国共产党始终坚持实事求是，坚持马克思主义基本原理的运用必须与中国实际相结合，认为"绝不能要求马克思为解决他去世

---

① 参见杨正位：《中国特色的开放之路——对外开放经验总结和新时代开放的战略思考》，《中国浦东干部学院学报》2020 年第 2 期。
② 《马克思恩格斯文集》第 10 卷，人民出版社 2009 年版，第 691 页。

之后上百年、几百年所产生的问题提供现成答案。列宁同样也不能承担为他去世以后五十年、一百年所产生的问题提供现成答案的任务。真正的马克思列宁主义者必须根据现在的情况，认识、继承和发展马克思列宁主义"①。这成为中国特色社会主义建设过程中一以贯之的方法论。中国社会主义建设几经曲折，正是由于坚持实事求是、一切从实际出发、以实践为检验真理的唯一标准，中国才在发展社会主义的关键时刻既坚持社会主义方向，又勇于创新和实践，使社会主义成为具有生命力的现实模式而不仅仅是来自书本的信仰。这一方面使中国跳出了对社会主义的教条理解和对苏联模式的盲目追随，没有陷入脱离社会发展阶段的乌托邦式社会主义，牢牢把握社会主义初级阶段这一基本国情，制定出符合当前历史发展方位的路线方针政策，并不断修正超越阶段或落后于实际的观念和做法；另一方面，实事求是使得中国在改革和发展社会主义的过程中能够勇于创新和试验，以求真务实的态度和开放的心态积极借鉴外来经验，对其中突破传统认识框架的问题如公有制与市场经济是否相容、社会主义与市场经济能否结合等坚持以实践标准来检验，并以实践的最终结果来实现对马克思主义的丰富和发展。这正是中国特色社会主义保持持久活力和生命力的源泉。

二、以人民为中心

发展生产力是社会主义初级阶段的根本任务，而在发展的根本立场和方法上，中国特色社会主义始终贯穿以人民为中心的发展思想，以满足人民需求、促进并最终实现人的自由全面发展为根本目标和价值导向。实现人的自由全面发展是马克思基于资本主义社会对人的异化而提出的实现人的解放和本性复归的重要命题。资本主义社会现实中这一问题并未解决并因资本逻辑带来贫富差距、社会不平等、环境恶化等对人的发展的诸多制约，是资本主义发展危机难以根除的深层原因。中国在发展问题上既立足

---

① 《邓小平文选》第三卷，人民出版社1993年版，第291页。

社会主义初级阶段基本国情坚持以发展为第一要务，又在发展理念和方法上立足超越资本逻辑及弊端，以人民作为发展的出发点和落脚点，努力解决发展中的矛盾和问题并为人的自由全面发展创造条件。在发展主题上，立足初级阶段不同时期的发展需要，由解决"人民日益增长的物质文化需要同落后的社会生产之间的矛盾"到新时代解决"人民日益增长的美好生活需要和不平衡不充分的发展之间的矛盾"；在发展理念上，由发展是硬道理，到以人为本、全面协调可持续的科学发展观，再到创新、协调、绿色、开放、共享的新发展理念，都体现着初级阶段不同时期为推进人的自由全面发展一以贯之又与时俱进的主线。在发展措施上，将大力促进经济发展与消除贫困和实现共同富裕、促进公平正义、建设文化强国、美丽中国等各方面建设相结合，着力解决发展不平衡不充分的问题，努力增进人民福祉，为促进人的自由全面发展创造更为充分的实现条件。在发展主体上，始终尊重人民的首创精神，将人民作为价值创造、价值评判、价值享有的主体，强调人民而非资本是推动发展的根本力量和动力之源。这种以人民为中心的发展立场和方法，提出了超越资本主导发展缺陷的可行性路径，成为中国特色社会主义发展的价值坐标。

三、渐进改革

改革是中国特色社会主义自我完善的根本途径，而在改革的具体方式上，中国走了一条由点到面、由农村到城市、由经济改革带动各领域的全面改革、改革发展稳定相结合的渐进式道路。这与俄罗斯东欧国家采用的激进式改革形成鲜明区别。在经济体制转轨的过程中，俄罗斯实施了"休克疗法"，意图在短时间内用一步到位的方式迅速摧毁旧体制、建立新体制，然而"休克疗法"并未使俄罗斯一步迈入西方式的理想社会，反而在转轨期间陷入了前所未有的经济社会动荡，长期指令性计划下骤然实施的价格自由化导致剧烈的通货膨胀；迅速的大规模私有化彻底摧毁了公有制体系，造就了少数暴富者和特权阶层，而广大民众陷入普遍失业和贫困；急剧的经济衰退与政府职能的大幅削减大大挤压了政策调节空间并导致政策失灵，结果陷入了长期的转型困境。而中国的渐进式改革不论在时间、速度上还是次序选择上，都按照分步走的方式逐步推进。如计划经济体制向市场经济体制的转轨，经历了以计划调节为主、市场调节为辅，到逐步减少指令性计划、加大市场调节比例，并最终建立社会主义市场经济的长期演变过程。在国有企业改革上，也以非公有制经济的逐步发展和市场竞争，促使国有企业加快建立面向市场的现代企业制度，在不同所有制经济的并存与互动中，逐渐形成取长补短、优势互补的社会化大生产格局和现代国民经济体系。进入新时代，通过全面深化改革进一步加强顶层设计，着力增强改革系统性、整体性、协同性，拓展改革广度与深度。相比俄罗斯东欧国家"休克疗法"式的激进改革，中国渐进式改革的特点是允许试错并随时修正改革方案，避免了改革风险和不确定性带来不可逆的负面影响；先立后破，避免了激进改革下新旧体制转换过程中的制度真空并可能由此导致的"混乱的效率损失"；有利于保持民众的改革理性并降低改革的社会成本，从而使中国这个体量庞大的国家在 40 多年的改革过程中始终保持了政治和社会稳定，这也是改革能够取得成功的必要前提。

四、独立自主

中国特色社会主义建设坚持从本国实际出发，积极借鉴其他国家发展的经验和长处，但在自身改革发展的方向上始终坚持四项基本原则，坚持独立自主，绝不照搬和盲从。在发展道路的选择上，中国始终坚持社会主义道路，即使在苏东剧变世界社会主义运动陷入低潮、西方社会抛出"历史终结论"、中国作为最大的社会主义国家饱受质疑之时，中国并没有改旗易帜，而是更加鲜明地坚持社会主义旗帜和方向，以"四个自信"的底气和姿态坚持和发展中国特色社会主义，使得科学社会主义在 21 世纪的中国焕发出强大生机活力。在发展模式的选择上，中国没有走向英美的盎格鲁-萨克逊模式，也没有照搬欧洲的莱茵模式，而是基于中国作为社会主义国家、发展中国家和有着浓厚中华文化传统国家的基本国情，坚持探索立足本国实际的、有着国别和民族特色的经济社会发展模式。在体制转轨和发展改革的路径上，中国没有追随"华盛顿共识"即快速全面私有化、市场化和自由化的新自由主义改革方案，而是自我主导转轨进程，并在改革中始终坚持公有制为主体、多种所有制经济共同发展，坚持市场在资源配置中起决定性作用和更好发挥政府作用相结合，并在与国际市场接轨中确保经济自主权，避免了"华盛顿共识"下众多发展中国家深陷转型泥潭的困境，实现了经济社会的持续稳步快速发展。实践证明，中国在改革发展中"既不走封闭僵化的老路，也不走改旗易帜的邪路"，而是坚持独立自主、走具有自身特色的发展道路，这是保证中国特色社会主义朝着正确方向前进的关键因素。

综观世界历史，中国特色社会主义道路具有十分重要的世界意义。对于世界社会主义运动来说，中国特色社会主义的崛起终结了"历史终结论"，使得苏东剧变后社会主义的声音没有在世界历史中被淹没，反而引起了整个世界对社会主义的重新审视。正如习近平总书记所说："历史没有终结，也不可能被终结。"① 中国特色社会主义正在引领世界社会主义运动由低潮走向振兴，这对于坚持社会主义和发展社会主义的意义都是十分重大的。对于资本主义国家来说，中国特色社会主义提供了一种不同于市场原教旨主义和福利资本主义两种主流模式的另一种发展路径，这证明了各国因历史、文化和国情不同而必然带来发展模式的多样性，并在多种发展模式的并存中证明了社会主义的前途和中国特色社会主义的生命力。对于发展中国家来说，中国特色社会主义为经济文化落后的国家如何实现现代化提供了不同于"华盛顿共识"的另外一种途径，给世界上那些既希望加快发展又希望保持自身独立性的国家和民族提供了全新选择。更为重要的是，中国在独立自主的基础上探索自身特色发展道路的经验正被越

① 习近平：《在庆祝中国共产党成立 95 周年大会上的讲话》，《人民日报》2016 年 7 月 2 日。

来越多的发展中国家所重视，并启发他们走上符合自己国情的发展道路。展望未来，中国特色社会主义经过不断发展与完善，将在社会主义的道路上越走越宽广，并在多样性的世界中为人类对更好社会制度的探索提供中国方案。

第　四　章

中国特色社会主义道路的实现途径

中国特色社会主义建设事业是全面发展和全面进步的事业。我们不仅要牢牢抓住经济建设这个中心，发展好社会主义市场经济，还要推进社会主义民主政治建设、文化建设、社会建设和生态文明建设。中国特色社会主义经济建设、政治建设、文化建设、社会建设和生态文明建设，是中国特色社会主义事业"五位一体"的总体布局，也是坚持和发展中国特色社会主义道路的具体实现路径。

中国特色社会主义事业"五位一体"总体布局有一个形成和发展的过程。邓小平同志提出，要建设社会主义的物质文明和精神文明①，两个文明都建设好，才是有中国特色的社会主义。党的十二大提出，社会主义既要搞物质文明建设，也要搞精神文明建设，还要搞民主建设。随后党的十二届六中全会报告明确提出"总体布局"思想，"我国社会主义现代化建设的总体布局是：以经济建设为中心，坚定不移地进行经济体制改革，坚定不移地进行政治体制改革，坚定不移地加强精神文明建设，并且使这几个方面互相配合，互相促进"②。此后，我们党进一步明确了我国社会主义经济建设、政治建设和文化建设的途径和目标。党的十六大以后，社

---

① 参见《邓小平文选》第三卷，人民出版社1993年版，第28页。
② 《十二大以来重要文献选编》（下），人民出版社1988年版，第1173—1174页。

会主义总体布局由经济建设、政治建设和文化建设"三位一体"发展为经济建设、政治建设、文化建设和社会建设"四位一体"。党的十七大报告又提出了建设生态文明的目标。这标志着"五位一体"的中国特色社会主义事业总体布局已经形成。党的十八大报告正式确认了中国特色社会主义经济建设、政治建设、文化建设、社会建设和生态文明建设"五位一体"总体布局。"五大建设"是一个相互依存、相互促进的有机统一体。

第一节　中国特色社会主义经济建设

新时代中国崛起是世界经济发展史上最引人瞩目的事件之一。改革开放以来，我们党始终坚持以经济建设为中心，坚持以发展为第一要务，这是立足社会主义初级阶段基本国情、大力解放和发展社会生产力的本质要求和根本任务，也是实现社会主义现代化和中华民族伟大复兴的坚实根基和根本保障。正如习近平总书记所指出的，只有牢牢扭住经济建设这个中心，毫不动摇坚持发展是硬道理、发展应该是科学发展和高质量发展的战略思想，推动经济社会持续健康发展，才能全面增强我国经济实力、科技实力、国防实力、综合国力，才能为坚持和发展中国特色社会主义、实现中华民族伟大复兴奠定雄厚物质基础。当前推进中国特色社会主义经济建设，要以习近平经济思想为指导，发挥好中国特色社会主义经济发展道路的特色和优势，做好经济建设各项工作，推动中国经济行稳致远。

一、中国特色社会主义经济建设的历史成就

新中国成立 70 多年来特别是改革开放 40 多年来，中国创造了举世瞩目的发展成就，不仅造就了高速发展的经济奇迹，而且走出了一条不同于西方的中国特色社会主义经济发展道路，在世界经济中的地位和影响力迅速提升。总体来看，中国经济发展的主要成就突出体现在以下四个方面。

（一）创造了高速增长、跨越贫困的经济奇迹

新中国成立以来特别是改革开放以来，我国从一穷二白成长为世界第二大经济体，在这个过程中创造了两大发展奇迹。一是高速增长奇迹。1979—2018 年 GDP 年均增长 9.4%，远高于同期世界经济 2.9%左右的年均增速①，其间保持了持续 40 年的高速增长，超越了国际上日本曾持续 20 年的高速增长和韩国持续 30 年的高速增长纪录，创造了二战后经济发展史上的高速增长奇迹。2020 年 GDP 总量突破 100 万亿元。二是跨越"贫困陷阱"的发展奇迹。1978 — 2017 年人均 GDP 年均实际增长 8.5%②，2019 年和 2020 年人均 GDP 都超过 1 万美元，从低收入贫困阶段进入到上中等收入阶段，人民生活从温饱不足到全面小康，避免了许多发展中国家难以克服的马太效应，创造了在一个拥有 14 亿人口的大国跨越"贫困陷阱"的发展奇迹。

（二）转向了经济高质量发展的新阶段

在经济规模不断扩大的同时，我国在转变发展方式、提升发展质量效益上发生深刻变化，由高速增长转向高质量发展阶段。在增长速度上，从高速转向中高速。在发展方式上，由过去发展模式粗放、资源过度消耗、过度依赖投资拉动等规模速度型转向质量效率型，消费已超过投资成为经济增长的主要驱动力。在结构优化上，农业基础不断加强，服务业成为最大产业，工业持续升级，目前我国拥有联合国产业分类中全部工业门类，制造业增加值自 2010 年起稳居世界首位，特别是高技术产业、战略性新兴产业近年来增加较快，2019 年高技术制造业和战略性新兴产业增加值分别比上年增长 8.8%和 8.4%，增速分别比规模以上工业快 3.1 个和 2.7

---

① 参见国家统计局：《沧桑巨变七十载　民族复兴铸辉煌——新中国成立 70 周年经济社会发展成就系列报告之一》，见 http://www.stats.gov.cn/tjsj/zxfb/201907/t20190701_1673407.html。

② 参见国家统计局：《波澜壮阔四十载　民族复兴展新篇——改革开放 40 年经济社会发展成就系列报告之一》，见 http://www.stats.gov.cn/ztjc/ztfx/ggkf40n/201808/ t20180827_1619235.html。

个百分点。① 在发展动力上，从主要依靠资源和低成本劳动力等要素投入转向创新驱动，在 2020 年全球创新指数中我国在 131 个经济体中排名第 14 位②，在推动经济发展质量变革、效率变革、动力变革上迈出新步伐。

（三）改革创新取得重大突破

公有制为主体、多种所有制经济共同发展，按劳分配为主体、多种分配方式并存，社会主义市场经济体制等社会主义基本经济制度不断发展和完善，为解放和发展社会生产力、充分发挥制度优势和治理效能奠定了坚实基础。国有企业改革、市场准入制度、投融资体制、财税金融体制等经济体制改革全面推进，进一步破除不利于发展的体制机制弊端。与此同时，根据社会主要矛盾的变化及发展中的新情况新问题，不断提升把握新机遇应对新挑战的能力，不断进行一系列重大理论和政策创新，在加强顶层设计，处理好改革、发展与稳定的关系，推进经济治理体系与治理能力现代化上取得显著进展。

（四）成为世界经济的主要稳定器和动力源

随着综合国力显著增强，我国在国际经济中的地位和影响力不断提升。我国 GDP 占全球 GDP 的比重由改革开放之初的 1.8% 上升到 2019 年的 16% 左右，自 2010 年超过日本后稳居世界第二大经济体的位置，目前已是货物贸易第一大国、外资流入第二大国，外汇储备连续多年位居世界第一。多年来对世界经济增长贡献率超过 30%，特别是 2008 年国际金融危机后主要发达国家经济复苏乏力、增长低迷之际，中国成为推动世界经济增长的第一引擎和主要稳定器。深入开展国际经济合作与交流，"一带一路"倡议提出后已与 140 个国家、31 个国际组织开展相关合作，在国际经济治理中积极提出中国方案，推动构建人类命运共同体。在推动世界经济的共商共建共享中，中国日益走近世界舞台中央。

---

① 参见国家统计局：《2019 年国民经济运行总体平稳 发展主要预期目标较好实现》，见 http：//www. stats. gov. cn/tjsj/zxfb/202001/t20200117_ 1723383. html。

② 参见佘惠敏：《中国创新能力排名保持第 14 位》，《经济日报》2020 年 9 月 7 日。

二、中国特色社会主义经济建设的根本遵循和发展战略

（一）新时代经济建设的根本遵循：习近平经济思想

在以推动高质量发展为主题的新时代，我国经济发展既面临重大机遇，也面临诸多挑战。一是从国内看，我国发展具有多方面优势和条件，但也面临发展不平衡不充分的突出问题，处于跨越发展关口的关键期；二是从国际看，世界经济深度调整，金融市场跌宕起伏，资本主导的发展危机频发，保护主义明显抬头，增加了发展的不确定性因素；三是世界上正在兴起一场轰轰烈烈的新工业革命，而历次科技革命都是大国成为强国的关键机遇期。特别是当前我国进入了全面建设社会主义现代化国家、向第二个百年奋斗目标进军的新发展阶段，发展的机遇和挑战都有新的变化。在这样的变局和背景下，如何进一步认清发展形势、推动新时代经济发展，根本上要以习近平经济思想为指导。

习近平经济思想以新发展理念为主要内容，其主要内涵可以概括为"七个坚持"，即坚持加强党对经济工作的集中统一领导；坚持以人民为中心的发展思想；坚持适应把握引领经济发展新常态；坚持使市场在资源配置中起决定性作用，更好发挥政府作用；坚持适应我国经济发展主要矛盾变化完善宏观调控；坚持问题导向部署经济发展新战略；坚持正确工作策略和方法。习近平经济思想集中体现了以习近平同志为核心的党中央关于新时代发展的理念、立场、逻辑、路径和方法，是解决新时代社会主要矛盾，抓住发展的重要战略机遇期，实现更高质量、更有效率、更加公平、更可持续的发展这一新时代发展课题的回应，是新时代中国特色社会主义经济建设的根本遵循。

（二）我国发展的战略目标：建设现代化经济体系

现代化经济体系是实现高质量发展、全面建成社会主义现代化强国的基石。从国际经验看，现代化经济体系是传统国家向现代化国家转型的必要条件，是发达国家成功实现现代化的核心支撑，也是众多发展中国家未

能跨越"中等收入陷阱"、现代化转型失败的关键制约。要建设创新引领、协同发展的产业体系，统一开放、竞争有序的市场体系，体现效率、促进公平的收入分配体系，彰显优势、协调联动的城乡区域发展体系，资源节约、环境友好的绿色发展体系，多元平衡、安全高效的全面开放体系，充分发挥市场作用、更好发挥政府作用的经济体制。当前建设现代化经济体系，需要大力发展实体经济，加快实施创新驱动发展战略，积极推动城乡区域协调发展，着力发展开放型经济，深化经济体制改革。

（三）关系我国发展全局的重大战略任务：构建新发展格局

加快构建以国内大循环为主体、国内国际双循环相互促进的新发展格局，是党中央立足我国进入新发展阶段的历史方位变化和发展条件变化，提出的一项关系我国发展全局的重大战略任务，是我国经济现代化的路径选择。构建新发展格局，关键在于经济循环的畅通无阻。必须坚持深化供给侧结构性改革这条主线，实现经济在高水平上的动态平衡。构建新发展格局最本质的特征是实现高水平的自立自强，必须更强调自主创新，坚持创新在我国现代化建设全局中的核心地位。要坚持扩大内需这个战略基点，建立起扩大内需的有效制度，使建设超大规模的国内市场成为一个可持续的历史过程。要实行高水平对外开放，塑造我国参与国际合作和竞争新优势，重视以国际循环提升国内大循环效率和水平，改善我国生产要素质量和配置水平，推动我国产业转型升级。

（四）经济工作的主线：供给侧结构性改革

建设现代化经济体系，构建新发展格局，必须把推进供给侧结构性改革作为主线。深化供给侧结构性改革，要做好"三去一降一补"、新旧动能加快接续转换等工作，大力提升创新能力，同时进一步深化体制机制改革，特别要着力发展实体经济，把提高供给体系质量作为主攻方向，显著增强我国经济质量优势。要深化金融等相关领域改革，使金融更好地服务于实体经济；进一步为实体经济发展降成本，稳定预期；加快实体经济转型升级，特别是抓住新工业革命的机遇，大力发展先进制造业，推进产业基础高级化、产业链现代化，推动新技术、新产业、新业态发展，加快建设制造强国、质量强国、网络强国、数字中国。

三、中国特色社会主义经济发展道路的特色和优势

推进中国特色社会主义经济建设，必须坚持走中国特色社会主义经济发展道路。中国特色社会主义经济发展道路是中国特色社会主义经济建设取得突出成就的根本依托，具有不同于西方经济模式的鲜明特色与优势。

（一）西方主要经济模式

西方市场经济模式建立在私有制基础上，比较典型的是美国自由市场经济模式、德国社会市场经济模式、日本政府主导型市场经济模式，国外学者分别以"盎格鲁-萨克逊模式"和"莱茵模式""股票资本主义"和"银行资本主义"等角度对不同市场经济模式进行区分。三种模式的形成除了与各自经济社会条件相关外，也与其历史文化传统有着密切关系。

美国自由市场经济模式的特点是，强调自由企业制度和自由市场最优，政府干预较少；银企关系松散，资本自由化，金融优先于实业；资本利润和股东利益至上，少有劳资合作、企业间合作。美国模式与其个人主义文化、自由主义传统、垄断资本集中和工会力量分散等因素紧密相关。

德国社会市场经济模式的特点为，政府干预的主动性较强，近代历史上德国政府在政治经济发展中的作用一直比较积极主动，在现代社会市场经济中，实施了较为广泛的社会政策；银企关系紧密，通过相互持股等方式形成了"产业—金融共同体"；通过共同决定制等方式协调劳资关系。德国模式与其单一日耳曼民族基础上的整体意识传统、工会活跃等因素密切相关。

日本政府主导型市场经济模式是典型的后发国家赶超模式，政府在市场发育不足的情况下，通过产业政策等方式主导重点资源配置，加速经济发展；形成了以主银行制度为核心的紧密银企关系；以终身雇佣制和年功序列制为基础，形成"家长式"劳资导向。日本模式与其二战后落后的市场条件有关，并带有浓厚的日本儒家文化烙印。

总的来看，不同市场经济模式的形成，与各国的制度基础、市场条

件、历史文化传统等客观基础条件密切相关。每个国家和民族的历史传统、文化积淀、基本国情不同，其发展道路必然有着自己的特色。认识世界市场经济模式的多样性、一国市场经济模式不同于他国的历史特殊性与现实客观性，是我们探索具有自身特色和优势的经济发展道路的前提。

（二）中国特色社会主义经济发展道路及其历史文化根基

与上述各国模式不同，中国走了一条独具特色的经济发展道路。这一道路立足我国基本国情，不仅体现了社会主义的制度要求，而且承续了中国自古以来的大同理想，贯穿了重视共富共享、重责任、重和合的共同体本位，具有深厚的历史文化根基，体现出鲜明特色与优势。

1. 中国特色社会主义经济发展道路的特色与优势

一是坚持公有制为主体、多种所有制经济共同发展。毫不动摇巩固和发展公有制经济，毫不动摇鼓励、支持、引导非公有制经济发展，形成国民共进、优势互补的经济体系，不断解放和发展社会生产力。二是实行社会主义市场经济。将社会主义制度与市场经济有机结合起来，使市场在资源配置中起决定性作用，更好发挥政府作用，有效避免了西方新自由主义小政府下的自由市场导致的经济社会矛盾。三是以共同富裕为目标。坚持按劳分配为主体、多种分配方式并存，坚持共享发展理念，在发展经济的同时大力推进社会保障、精准扶贫和全面小康，加快实现共同富裕。四是秉持共商共建共享的国际经济合作机制。在对外开放中，将中国经济发展与世界经济繁荣相结合，推动构建人类命运共同体，通过"一带一路"等为世界各国提供公共产品，提供发展机遇，分享发展红利。

2. 中国特色社会主义经济发展道路的历史文化根基

不同于西方"理性经济人"的利己倾向及个人主义本位，中国特色社会主义经济发展道路以共同富裕为目标，有着重视共富共享、重责任、重和合的共同体主义色彩，这不仅是社会主义的本质要求，而且与中华文明的共同体本位及历史文化传统密切相关，体现了不同于西方的经济伦理和经济逻辑。

一是求大同的共同体本位。中国特色社会主义经济发展道路坚持以共同富裕为目标，这不仅是马克思主义的一个基本目标，而且深受中华文化中大同理想的影响。自古以来，"不患寡而患不均，不患贫而患不安""老吾老以及人之老，幼吾幼以及人之幼"的大同理想社会就是我国人民的一贯追求，具有浓厚的共同体主义色彩。

二是包容和合的混合经济传统。受中华文化包容和合特质的影响，我国历史上有着经济主体间包容共生的传统，一方面有着官营经济与民营经济的并存共生；另一方面不仅市场不断发展，而且有着内容蔚为大观且在"大一统"国家治理中不断完善的宏观调控体系，形成了政府与市场互补的历史经验。这与西方自由市场模式中的公私二分、政府与市场二分的方法论和实践形成鲜明区别。

三是经世济民的企业责任和家国情怀。不同于西方个人主义的权利本位逻辑，中国的家国文化培育了超越一己私利、"以天下为己任"的责任本位逻辑和家国情怀。这一责任本位逻辑反映在经济上，就是形成了博施济众、经世济民的传统，这既是中国历史上儒商辈出、民族企业家实业报国的价值依托，也是今天企业家重视履行社会责任，积极投身精准扶贫和公益慈善，共同致力于共同富裕和民族复兴的情怀传承。

四是惠及天下的国际经济理念。中华文明自古就有"达则兼济天下"的情怀，这一情怀超越民族国家界限，将普惠共赢理念运用于国际经济往来中。古有和平合作、开放包容、互学互鉴、互利共赢的丝路精神，今天致力于构建人类命运共同体，通过开放共赢的国际经济合作，在发展自身的同时为世界发展、人类发展作贡献。

可见，不同的制度要求、不同的国情、不同的历史文化传统，使得我们走了一条不同于西方的经济发展道路。中国经济发展取得的巨大成就表明，中国特色社会主义经济发展道路是符合我国国情、具有鲜明特色与优势的发展道路。在改革中我们要坚持和完善中国特色社会主义经济发展道路，推进中国经济平稳健康发展。

第二节 中国特色社会主义政治建设

进入新时代，我国发展已经开启全面建设社会主义现代化国家新征程。开启新征程，要求我们必须紧扣我国社会主要矛盾变化，统筹推进经济建设、政治建设、文化建设、社会建设、生态文明建设，其中，政治建设是关键。中国特色社会主义政治建设的提出和认识有一个不断深入的过程。党的十六大报告指出："社会主义民主政治具有强大的生命力和优越性。中国共产党和中国人民对自己选择的政治发展道路充满信心，将坚定不移地把中国特色社会主义政治建设推向前进。"① 报告强调了政治建设的重要性、政治建设与政治体制改革的关系、政治建设的根本遵循和根本任务，并明确提出"发展社会主义民主政治，最根本的是要把坚持党的领导、人民当家作主和依法治国有机统一起来"②。党的十七大报告明确提出："要坚持中国特色社会主义政治发展道路，坚持党的领导、人民当家作主、依法治国有机统一，坚持和完善人民代表大会制度、中国共产党领导的多党合作和政治协商制度、民族区域自治制度以及基层群众自治制度，不断推进社会主义政治制度自我完善和发展。"③ 党的十八大报告强调："中国特色社会主义政治发展道路是团结亿万人民共同奋斗的正确道路。我们一定要坚定不移沿着这条道路前进，使我国社会主义民主政治展现出更加旺盛的生命力。"④ 在此基础上，党的十九大报告提出："中国特色社会主义政治发展道路，是近代以来中国人民长期奋斗历史逻辑、理论

---

① 江泽民：《全面建设小康社会 开创中国特色社会主义事业新局面——在中国共产党第十六次全国代表大会上的报告》，人民出版社 2002 年版，第 37 页。
② 江泽民：《全面建设小康社会 开创中国特色社会主义事业新局面——在中国共产党第十六次全国代表大会上的报告》，人民出版社 2002 年版，第 31 页。
③ 胡锦涛：《高举中国特色社会主义伟大旗帜 为夺取全面建设小康社会新胜利而奋斗——在中国共产党第十七次全国代表大会上的报告》，人民出版社 2007 年版，第 28 页。
④ 胡锦涛：《坚定不移沿着中国特色社会主义道路前进 为全面建成小康社会而奋斗——在中国共产党第十八次全国代表大会上的报告》，人民出版社 2012 年版，第 30 页。

逻辑、实践逻辑的必然结果，是坚持党的本质属性、践行党的根本宗旨的必然要求。"① 2020 年，党的十九届五中全会通过的《中共中央关于制定国民经济和社会发展第十四个五年规划和二〇三五年远景目标的建议》，把"中国特色社会主义政治建设"纳入到实现"十四五"规划和二〇三五年远景目标之中，明确强调"推进社会主义政治建设。坚持党的领导、人民当家作主、依法治国有机统一，推进中国特色社会主义政治制度自我完善和发展"②。

概括地说，中国特色社会主义政治建设，是在中国共产党领导下，坚持走中国特色社会主义政治发展道路，坚持和完善支撑中国特色社会主义制度的根本制度、基本制度、重要制度，实现国家治理体系和治理能力现代化，使社会主义制度的优越性不断焕发出新的生机活力。中国特色社会主义政治发展道路拥有鲜明的中国特色、显著的制度优势和强大生命力。这些特色和优势并不是凭空产生的，也不是从外国搬来的"飞来峰"，而是基于中华优秀传统文化创造性转换的结果，既有鲜明的现代性，又有其深厚的历史文化根基。

一、中国特色社会主义政治建设的历史成就

"新中国成立后，我们党进而致力于社会主义建设，创造性地运用马克思主义国家学说，为建设社会主义国家政治制度进行了积极努力。"③ 中国共产党带领全国各族人民成功实现了从新民主主义社会向社会主义社会的过渡，确立了社会主义制度，巩固和发展了工人阶级领导的、以工农联盟为基础的人民民主专政。"社会主义制度的建立，是我国历史上最深

---

① 习近平：《决胜全面建成小康社会　夺取新时代中国特色社会主义伟大胜利——在中国共产党第十九次全国代表大会上的报告》，人民出版社 2017 年版，第 36 页。
② 《党的十九届五中全会〈建议〉学习辅导百问》，党建读物出版社、学习出版社 2020 年版，第 45 页。
③ 《党的十九届五中全会〈建议〉学习辅导百问》，党建读物出版社、学习出版社 2020 年版，第 35 页。

刻最伟大的社会变革，是我国今后一切进步和发展的基础。"① 1949 年中国人民政治协商会议第一届全体会议召开，通过了具有临时宪法作用的《中国人民政治协商会议共同纲领》，它和 1954 年第一届全国人民代表大会第一次会议通过的新中国第一部宪法一起为我国社会主义政治制度的确立提供了法律保障。

"党的十一届三中全会以来，我们党深刻总结正反两方面历史经验，在推进我国政治制度改革创新、兴利除弊、完善发展等方面勇于自我革命，成功地发展社会主义民主、健全社会主义法治、建设社会主义政治文明，中国特色社会主义政治制度焕发出巨大优越性、展现出蓬勃的生机活力。"② 1982 年《宪法》及此后的一系列宪法修正案，为我国社会主义制度的愈益成熟和定型提供了法律保障，推进了中国特色社会主义制度的不断完善和发展。

中国特色社会主义进入新时代，社会主义政治建设开启了新征程。"在以习近平同志为核心的党中央坚强领导下，通过紧紧围绕坚持党的领导、人民当家作主、依法治国有机统一深化政治体制改革，推进我国政治制度自我完善和发展，取得了一系列重大成果和成效。健全了党的集中统一领导和全面领导体制机制，推动了党和国家指导思想与时俱进，加强人民当家作主制度建设，推动人民代表大会制度完善发展，将全面依法治国纳入'四个全面'战略布局并大力推进，完成宪法部分内容修改，推动社会主义协商民主广泛多层制度化发展，深化党和国家机构改革，深化司法体制综合配套改革，深化国防和军队改革，深化国家监察体制改革，推进群团组织改革，坚持和完善'一国两制'制度体系，有效推进了国家治理体系和治理能力现代化。中国特色社会主义政治制度和相关制度在新时代的伟大实践中，更加趋于成熟和定型。"③ 新时代中国特色社会主义

---

① 《中国共产党中央委员会关于建国以来党的若干历史问题的决议》，人民出版社 1981 年版，第 7 页。

② 《党的十九届五中全会〈建议〉学习辅导百问》，党建读物出版社、学习出版社 2020 年版，第 38 页。

③ 《党的十九届五中全会〈建议〉学习辅导百问》，党建读物出版社、学习出版社 2020 年版，第 38—39 页。

制度的自我完善和发展，是党的十八大以来以习近平同志为核心的党中央以前所未有的决心、举措和力度推进改革取得的重大成就。

总之，在新中国成立 70 多年的光辉历程中，中国特色社会主义政治建设取得了巨大成就。这一巨大成就突出体现在：一是确立了人民民主专政的国体和人民代表大会制度的政体；二是始终坚持党的领导、人民当家作主、依法治国有机统一的正确方向，建立了党的领导制度体系，形成了保证人民当家作主的制度体系，包括坚持和完善人民代表大会制度、中国共产党领导的多党合作和政治协商制度、民族区域自治制度、基层群众自治制度，推进了社会主义民主政治制度化、规范化和程序化；三是通过健全社会主义协商民主制度，推进了协商民主广泛、多层、制度化发展，保证人民在日常政治生活实践中拥有广泛持续深入参与的权利，推动形成了完整的制度程序和参与实践；四是在深刻总结社会主义法治建设成功经验和教训的同时作出了关于全面推进依法治国若干重大问题的决定，加强了党对法治工作的统一领导，阐明了当代中国法治建设的一系列重大理论与实践问题，为完善和发展中国特色社会主义制度，推进国家治理体系和治理能力现代化提供了重要保障；五是进一步巩固和壮大了爱国统一战线，最广泛地争取了人心、凝聚了力量。

二、中国特色社会主义政治建设的目标和主要任务

新中国成立以来，在中国共产党的领导下，中国特色社会主义政治建设取得了决定性进展。事实充分证明，中国特色社会主义政治发展道路是符合中国国情、保证人民当家作主的正确道路。"当然，这并不是说，中国政治制度就完美无缺了，就不需要完善和发展了。"① 发展社会主义民主政治，建设社会主义政治文明，是推进国家治理体系和治理能力现代化的题中应有之义。党的十九届五中全会指出："实现'十四五'规划和

---

① 习近平：《在庆祝全国人民代表大会成立 60 周年大会上的讲话》，人民出版社 2014 年版，第 19 页。

二〇三五年远景目标，必须坚持党的全面领导，充分调动一切积极因素，广泛团结一切可以团结的力量，形成推动发展的强大合力。"① 这就为新时代推进中国特色社会主义政治建设指明了前进方向及其目标和主要任务。

（一）新时代进一步推进中国特色社会主义政治建设的目标

今天，我们谈中国特色社会主义政治建设，首先要破除西化迷信，走好自己的路。一个国家的政治体制必须是首先扎根于自己本国的国情，然后再吸收借鉴其他优秀的人类文明成果。事实证明，大部分失败国家的教训都是政治体制完全照搬别国的模式。20 世纪 80 年代末 90 年代初，一些走上政治民主化道路的国家发现，并未实现预期的政治和经济发展，反而无法有效履行社会管理职能，从而陷入混乱和衰退局面。这些国家的历史教训说明，照搬西方式宪政制度是一条邪路，也是死路。我们必须探索一条适合自己的正确道路。

西方国家的现代化进程已暴露出种种危机。21 世纪，西方社会的后现代进程继续推进着个人主义的发展。个人主义是把双刃剑。人类在享有现代化便利的同时，也深陷于与其相伴而生的灾难。繁荣的表象背后掩盖着衰退。西方社会暴露出的各种问题是资本主义制度本身固有的矛盾导致的必然结果，当自由主义一旦走向极端，便会转向它的反面。自由世界带给人们的不是自由的日益增长，而是自由的丧失。

中国的崛起充分说明：发展中国家完全可以走出一条不同于西方的现代化道路。世界各国政治体制多种多样，既有共性，又各有特点。习近平总书记指出："改革开放 40 年的实践启示我们：方向决定前途，道路决定命运。我们要把命运掌握在自己手中，就要有志不改、道不变的坚定。改革开放 40 年来，我们党全部理论和实践的主题是坚持和发展中国特色社会主义。在中国这样一个有着 5000 多年文明史、13 亿多人口的大国推

---

① 《党的十九届五中全会〈建议〉学习辅导百问》，党建读物出版社、学习出版社 2020 年版，第 11 页。

进改革发展，没有可以奉为金科玉律的教科书，也没有可以对中国人民颐指气使的教师爷。鲁迅先生说过：'什么是路？就是从没路的地方践踏出来的，从只有荆棘的地方开辟出来的。'中国特色社会主义道路是当代中国大踏步赶上时代、引领时代发展的康庄大道，必须毫不动摇走下去。"①习近平总书记这段论述，既表明了我们坚定走中国特色社会主义道路的决心和信心，也回答了我们如何坚持和发展中国特色社会主义的问题，为新时代中国特色社会主义政治建设指明了前进方向。

新中国成立 70 多年来，我们党领导人民创造了世所罕见的经济快速发展奇迹和社会长期稳定奇迹，中华民族迎来了从站起来、富起来到强起来的伟大飞跃。实践证明，中国特色社会主义政治制度是以马克思主义为指导、植根中国大地、具有深厚中华文化根基、深得人民拥护的政治制度，是具有强大生命力和巨大优越性的政治制度，是能够持续推动拥有14 亿多人口大国进步和发展、确保拥有 5000 多年文明史的中华民族实现"两个一百年"奋斗目标进而实现伟大复兴的制度。2019 年 10 月 31 日，党的十九届四中全会通过了《中共中央关于坚持和完善中国特色社会主义制度　推进国家治理体系和治理能力现代化若干重大问题的决定》。《决定》从 13 个方面概括了我国国家制度和国家治理体系的多方面显著优势，其中首要的就是"坚持党的集中统一领导，坚持党的科学理论，保持政治稳定，确保国家始终沿着社会主义方向前进"②。历史和实践充分证明，中国特色社会主义政治制度是适合我国国情的政治制度，在社会主义建设伟大进程中已经彰显出强大的优势。立足于新时代，社会主义政治建设的目标，就是通过改革进一步巩固和完善中国特色社会主义政治制度，充分发挥我国社会主义政治制度的优越性，全面提升社会主义政治文明，实现国家治理体系和治理能力现代化。

---

① 《习近平谈治国理政》第三卷，外文出版社 2020 年版，第 184 页。
② 《中共中央关于坚持和完善中国特色社会主义制度　推进国家治理体系和治理能力现代化若干重大问题的决定》，人民出版社 2019 年版，第 3 页。

（二）新时代中国特色社会主义政治建设的主要任务

1. 坚持和完善党的领导制度体系，提高党科学执政、民主执政、依法执政水平

党的十九届四中全会指出："中国共产党领导是中国特色社会主义最本质的特征，是中国特色社会主义制度的最大优势，党是最高政治领导力量。必须坚持党政军民学、东西南北中，党是领导一切的，坚决维护党中央权威，健全总揽全局、协调各方的党的领导制度体系，把党的领导落实到国家治理各领域各方面各环节。"① "党的领导制度体系"的提出，以及这个制度体系中所包含的六项具体制度的确立都具有开创性的意义。这体现了我国国家制度建设历史进程中的新阶段、新理念和新格局。坚持和完善党的领导制度体系，具体来说包括以下六个方面：一是建立不忘初心、牢记使命的制度；二是完善坚定维护党中央权威和集中统一领导的各项制度；三是健全党的全面领导制度；四是健全为人民执政、靠人民执政各项制度；五是健全提高党的执政能力和领导水平制度；六是完善全面从严治党制度。这六项制度之间存在着内在统一的逻辑关系，从价值目标、组织保障、整体协调、力量源泉和自身建设等几个方面展现了"党的领导制度体系"的深刻内涵。

2. 坚持和完善人民当家作主制度体系，发展社会主义民主政治

第一，坚持和完善人民代表大会制度这一根本政治制度。人民代表大会制度，是中华人民共和国的根本政治制度，是人民当家作主的新型政治制度。人民代表大会制度的诞生，"是深刻总结近代以后中国政治生活惨痛教训得出的基本结论，是中国社会一百多年激越变革、激荡发展的历史结果，是中国人民翻身作主、掌握自己命运的必然选择"②。立足新时代，坚持和完善人民代表大会制度，就要"支持和保证人民通过人民代表大会行使国家权力，保证各级人大都由民主选举产生、对人民负责、受人民

---

① 《中共中央关于坚持和完善中国特色社会主义制度　推进国家治理体系和治理能力现代化若干重大问题的决定》，人民出版社 2019 年版，第 6 页。
② 《习近平关于社会主义政治建设论述摘编》，中央文献出版社 2017 年版，第 40 页。

监督，保证各级国家机关都由人大产生、对人大负责、受人大监督。支持和保证人大及其常委会依法行使职权，健全人大对'一府一委两院'监督制度。密切人大代表同人民群众的联系，健全代表联络机制，更好发挥人大代表作用"①。

第二，坚持和完善中国共产党领导的多党合作和政治协商制度。作为我国一项基本政治制度，中国共产党领导的多党合作和政治协商制度是从中国土壤中生长出来的新型政党制度。它既与强调政治市场竞争、多党轮流坐庄的西方政党制度有着本质区别，又与旧式政党制度不同，是人类政治发展史上的伟大创造，是对人类政治文明的重大贡献。立足新时代，坚持和完善中国新型政党制度，就是要贯彻长期共存、互相监督、肝胆相照、荣辱与共的方针，加强中国特色社会主义政党制度建设，健全相互监督机制、完善各项制度，展现我国新型政党制度优势；发挥人民政协作为政治组织和民主形式的效能，提高政治协商、民主监督、参政议政水平，更好凝聚共识；同时还要"坚持社会主义协商民主的独特优势，统筹推进政党协商、人大协商、政府协商、政协协商、人民团体协商、基层协商以及社会组织协商，构建程序合理、环节完整的协商民主体系"②。

第三，坚持和完善民族区域自治制度。民族区域自治制度是我国的一项基本政治制度。采取民族区域自治，是实现国家团结统一和各民族当家作主相结合的好办法；实行民族区域自治制度，是践行中国特色解决民族问题正确道路的制度保障。新时代坚持和完善民族区域自治制度，要坚定不移走中国特色解决民族问题的正确道路，巩固和发展平等团结互助和谐的社会主义民族关系；要打牢中华民族共同体思想基础，"全面深入持久开展民族团结进步创建，加强各民族交往交流交融。支持和帮助民族地区

---

① 《中共中央关于坚持和完善中国特色社会主义制度　推进国家治理体系和治理能力现代化若干重大问题的决定》，人民出版社 2019 年版，第 10—11 页。

② 《中共中央关于坚持和完善中国特色社会主义制度　推进国家治理体系和治理能力现代化若干重大问题的决定》，人民出版社 2019 年版，第 11 页。

加快发展，不断提高各族群众生活水平"①。

第四，健全充满活力的基层群众自治制度。基层群众自治制度是我国的一项基本政治制度，是社会主义民主政治建设的重要组成部分。新时代健全充满活力的基层群众自治制度，就"必须充分发挥党总揽全局、协调各方的领导核心作用，把党的领导贯穿基层群众自治机制建设全过程、各方面，确保基层民主建设始终沿着中国特色社会主义政治发展道路前进"②。同时，"健全基层党组织领导的基层群众自治机制，在城乡社区治理、基层公共事务和公益事业中广泛实行群众自我管理、自我服务、自我教育、自我监督，拓宽人民群众反映意见和建议的渠道，有力推进基层直接民主制度化、规范化、程序化"③。

3. 全面推进依法治国，建设社会主义法治国家

"依法治国是坚持和发展中国特色社会主义的本质要求和重要保障，是实现国家治理体系和治理能力现代化的必然要求。"④ 全面推进依法治国是完善和发展中国特色社会主义制度、推进国家治理体系和治理能力现代化的重要方面，也是中国特色社会主义政治建设的重要内容。全面推进依法治国的总目标是建设中国特色社会主义法治体系，建设社会主义法治国家。依法治国的各项工作都是围绕总目标来部署和展开的。⑤ 全面推进依法治国，必须走对路。这就是中国特色社会主义法治道路。坚持中国特色社会主义法治道路，必须遵循以下原则：一是坚持中国共产党的领导。党的领导是中国特色社会主义最本质的特征，是社会主义法治最根本的保证。坚持中国特色社会主义法治道路，最根本的是坚持中国共产党的领

---

① 《中共中央关于坚持和完善中国特色社会主义制度　推进国家治理体系和治理能力现代化若干重大问题的决定》，人民出版社 2019 年版，第 12 页。
② 中共中央宣传部编：《习近平新时代中国特色社会主义思想三十讲》，学习出版社 2018 年版，第 167 页。
③ 《中共中央关于坚持和完善中国特色社会主义制度　推进国家治理体系和治理能力现代化若干重大问题的决定》，人民出版社 2019 年版，第 12—13 页。
④ 《习近平关于社会主义政治建设论述摘编》，中央文献出版社 2017 年版，第 80 页。
⑤ 参见《十八大以来重要文献选编》（中），中央文献出版社 2016 年版，第 187 页。

导。二是坚持人民主体地位。三是坚持法律面前人人平等。四是坚持依法治国和以德治国相结合。五是坚持从中国实际出发。① 全面推进依法治国，必须坚持依法治国、依法执政、依法行政共同推进，坚持法治国家、法治政府、法治社会一体建设。各级领导干部在推进依法治国进程中肩负着重要责任，领导干部要做尊法学法守法用法的模范，努力提高法治思维和依法办事能力和水平。

4. 坚持和完善中国特色社会主义行政体制，构建职责明确、依法行政的政府治理体系

"国家行政管理承担着按照党和国家决策部署推动经济社会发展、管理社会事务、服务人民群众的重大职责。"② 行政体制改革是推动上层建筑适应经济基础的必然要求，是全面深化改革的重要环节。以一切行政机关为人民服务、对人民负责、受人民监督为根本宗旨，以坚持和完善中国特色社会主义行政体制为目标，通过推进行政体制改革，构建职责明确、依法行政的政府治理体系，建设人民满意的服务型政府，是实现国家治理体系和治理能力现代化的必然要求，也是中国特色社会主义政治建设的重要组成部分。坚持和完善中国特色社会主义行政体制，构建职责明确、依法行政的政府治理体系，要求做到以下几点：一是完善国家行政体制。以推进国家机构职能优化协同高效为着力点，优化行政决策、行政执行、行政组织、行政监督体制。二是优化政府职责体系。完善政府经济调节、市场监管、社会管理、公共服务、生态环境保护等职能，实行政府权责清单制度，厘清政府和市场、政府和社会关系。③ 三是优化政府组织结构。推进机构、职能、权限、程序、责任法定化，使政府机构设置更加科学、职能更加优化、权责更加协同。四是健全充分发挥中央和地方两个积极性体

---

① 参见《中共中央关于全面推进依法治国若干重大问题的决定》，人民出版社 2014 年版，第 5—7 页。

② 《中共中央关于坚持和完善中国特色社会主义制度 推进国家治理体系和治理能力现代化若干重大问题的决定》，人民出版社 2019 年版，第 15—16 页。

③ 参见《中共中央关于坚持和完善中国特色社会主义制度 推进国家治理体系和治理能力现代化若干重大问题的决定》，人民出版社 2019 年版，第 16 页。

制机制。理顺中央和地方权责关系，加强中央宏观事务管理，维护国家法制统一、政令统一、市场统一。①

5. 巩固和发展最广泛的爱国统一战线

统一战线，"是指中国共产党领导的、以工农联盟为基础的，包括全体社会主义劳动者、社会主义事业的建设者、拥护社会主义的爱国者、拥护祖国统一和致力于中华民族伟大复兴的爱国者的联盟"②。2020 年 12 月 21 日，中共中央发布了新修订的《中国共产党统一战线工作条例》（以下简称《条例》），修订后的《条例》最突出的特点是通篇贯穿党对统一战线工作的集中统一领导，把坚持中国共产党的领导作为统一战线工作的首要原则，明确了党在统一战线工作中总揽全局、协调各方的领导地位。《条例》指出："统一战线是中国共产党凝聚人心、汇聚力量的政治优势和战略方针，是夺取革命、建设、改革事业胜利的重要法宝，是增强党的阶级基础、扩大党的群众基础、巩固党的执政地位的重要法宝，是全面建设社会主义现代化国家、实现中华民族伟大复兴的重要法宝。"③ 巩固和发展爱国统一战线，必须高举爱国主义、社会主义旗帜，牢牢把握大团结大联合的主题，"坚持大统战工作格局，坚持一致性和多样性统一，完善照顾同盟者利益政策，做好民族工作和宗教工作，健全党外代表人士队伍建设制度，凝聚港澳同胞、台湾同胞、海外侨胞力量，谋求最大公约数，画出最大同心圆，促进政党关系、民族关系、宗教关系、阶层关系、海内外同胞关系和谐"④。新修订的《条例》，以习近平新时代中国特色社会主义思想为指导，深入贯彻习近平总书记关于加强和改进统一战线工作的重要思想，是新时代统一战线工作的基本遵循。

---

① 参见《中共中央关于坚持和完善中国特色社会主义制度　推进国家治理体系和治理能力现代化若干重大问题的决定》，人民出版社 2019 年版，第 17 页。
② 《中国共产党统一战线工作条例》，人民出版社 2021 年版，第 3—4 页。
③ 《中国共产党统一战线工作条例》，人民出版社 2021 年版，第 4 页。
④ 《中共中央关于坚持和完善中国特色社会主义制度　推进国家治理体系和治理能力现代化若干重大问题的决定》，人民出版社 2019 年版，第 12 页。

三、中国特色社会主义政治建设的着力点

深深扎根于中华优秀传统政治文化土壤之中的中国特色社会主义政治发展道路，有着自身鲜明的特色和独特优势。沿着这条道路，中国特色社会主义政治建设的着力点主要体现为以下三个方面。

（一）坚持和完善中国共产党领导，发挥党总揽全局、协调各方的领导核心作用

中国共产党领导是中国特色社会主义最本质的特征，是中国特色社会主义道路最鲜明的特色，也是中国特色社会主义最显著的优势。改革开放以来中国特色社会主义事业取得了重大成就，积累了宝贵经验，其中最根本的一条经验就是中国共产党的领导。政治建设是中国特色社会主义建设"五位一体"总体布局的关键，坚持中国共产党在中国特色社会主义政治建设中的全面领导，关系着中国特色社会主义政治建设举什么旗、走什么路，而政治建设的旗帜和方向问题决定着中国特色社会主义道路的旗帜和方向，决定着中国特色社会主义的成败。只有坚持发挥中国共产党总揽全局、协调各方的作用，才能切实防止出现群龙无首、一盘散沙现象，从而才能团结带领全国各族人民凝心聚力共同致力于推进中国特色社会主义伟大事业不断前进。因此，坚持中国共产党领导，是中国特色社会主义政治建设的最大特色，是发挥好社会主义制度能集中力量办大事、全国一盘棋优势的根本保障。

中国共产党领导作为中国特色社会主义最鲜明特色和显著优势，不是偶然发生的，而是具有历史必然性。这一特色和优势是马克思主义基本原理与中华文明相结合的产物，它深深扎根于中华优秀传统政治文化土壤之中，蕴含着中华政治文明的优秀基因，即大一统。秉承家国共同体至上原则，强调中华民族和中国社会一体多元、多元一体价值的大一统是中华政道的基础与前提。对于"大"的理解基本能达成共识：大，即尊崇和强调。大一统，就是尊崇一统。大一统是中华民族内生的，而不是外力强加的；是在中华民族特有的地理环境和经济社会条件下自然形成的，而不是以任何人的主观意愿为转移的。中国虽历经三国、两晋、南北朝的分裂，

以及五代十国的混乱和宋辽元的纷争，中华民族都没有瓦解，基本保持了统一的局面。纵观历史可以得出一个结论，向心一统带来繁荣昌盛，如文景之治、贞观之治；离心分裂则使生产力受到严重破坏。无论帝王将相还是平民百姓，都向往一统，反对分裂。大一统已成为中华民族的民族魂，成为中华政道核心要义的重要组成部分。1949 年中华人民共和国的成立，标志着中华民族在崭新的社会政治基础上形成了现代的共和一统，开辟了中华大一统历史演进的新纪元。在党的十九大报告中，习近平总书记指出："党政军民学，东西南北中，党是领导一切的。"① 讲话蕴含着中华政道大一统思想的丰富内涵，体现了习近平新时代中国特色社会主义思想对中华大一统思想的继承与发扬。

（二）坚持人民主体地位，体现人民意志、保障人民权益、激发人民创造活力

坚持人民主体地位，是中国特色社会主义政治建设的特色和优势。在党的十九大报告中，习近平总书记指出："中国共产党人的初心和使命，就是为中国人民谋幸福，为中华民族谋复兴。"②"全党同志一定要永远与人民同呼吸、共命运、心连心，永远把人民对美好生活的向往作为奋斗目标"③，字里行间处处体现着"以民为本"的思想光华，表达了中国共产党执政为民的决心和意志。我们推进中国特色社会主义政治建设的目的，就是要通过政治体制改革实现社会主义人民民主，使我们的社会主义制度优越性充分发挥出来，激发社会的活力和创造力，切实维护好人民的根本利益。而要做到这一点，必须坚持一切为了人民、一切依靠人民的群众路线。只有牢牢坚持人民主体地位这一主线，中国特色社会主义政治建设才能避免出现西方某些国家选举时漫天许诺、选举后无人过问的现象，才会

---

① 习近平：《决胜全面建成小康社会　夺取新时代中国特色社会主义伟大胜利——在中国共产党第十九次全国代表大会上的报告》，人民出版社 2017 年版，第 20 页。
② 习近平：《决胜全面建成小康社会　夺取新时代中国特色社会主义伟大胜利——在中国共产党第十九次全国代表大会上的报告》，人民出版社 2017 年版，第 1 页。
③ 习近平：《决胜全面建成小康社会　夺取新时代中国特色社会主义伟大胜利——在中国共产党第十九次全国代表大会上的报告》，人民出版社 2017 年版，第 1 页。

拥有自己鲜明的特色和优势。

坚持人民主体地位的根本遵循，体现了中华文明的优秀基因，它深深扎根于中华优秀传统政治文化土壤之中，吸收了古代治国智慧的精华，与中国古代治国理政思想中强调的以民为本思想内在契合。"以民为本"体现了中国古代治国理念最核心的价值追求。"以民为本"包括三层含义：首先，为政为民，即为政的初心是服务于民，为政者要爱护老百姓。其次，为政依民，即为政要依靠人民，离开老百姓的拥护与支持，为政者将寸步难行，甚至面临失去政权的危险。最后，为政惠民，即为政的最终目的是为老百姓真正谋福利，让老百姓得到实惠、有幸福感，这也是检验为政是否成功的标准。作为中华优秀传统政治文化的重要组成部分，"以民为本"思想一直传承至今，已成为中华民族的"为政之道"，体现了中华政道的核心价值观。中国共产党把马克思主义与中华优秀传统文化相结合，使"以民为本"思想有了进一步升华，把全心全意为人民服务作为党的根本宗旨，把"执政为民"作为检验党一切执政活动的最高标准。"执政为民"思想深深扎根于中华优秀传统政治文化中，与古代思想家提出的"天下为公""以民为本"理念一脉相承。

（三）坚持依法治国与以德治国相结合，扎根中华大地，立足中国国情，充分吸收中华优秀传统文化的丰厚养分

依法治国与以德治国相结合，是全面推进依法治国必须坚持的根本遵循，同时也是中国特色社会主义政治建设的一大鲜明特色和独特优势。它体现了中国治国理政智慧的精神实质，传承了中华优秀传统治理文化的基因。习近平总书记指出："法律是成文的道德，道德是内心的法律，法律和道德都具有规范社会行为、维护社会秩序的作用。治理国家、治理社会必须一手抓法治、一手抓德治，既重视发挥法律的规范作用，又重视发挥道德的教化作用，实现法律和道德相辅相成、法治和德治相得益彰。"[1]

---

[1]　中共中央文献研究室编：《习近平关于全面依法治国论述摘编》，中央文献出版社2015年版，第29—30页。

进入新时代，"法安天下，德润人心"作为重要的治国理念，成为实现国家治理体系和治理能力现代化的必然要求，同时也已贯穿于政治建设始终，内化为中国特色社会主义政治建设的特色和优势。

中国自古以来就强调"为政以德""德法兼治"的治国理念。"为政以德"包含相互关联的三层含义：首先，为政的最终目的和最高理想在于教化和感化人心，培养人们美好的品质和心灵，使人们生活在一个美德共同体中。其次，为政者的正当性和权威来自于德性而不是暴政，只有那些品德高尚的为政者才能真正拥有信任和权威。最后，为政的最高境界和最佳状态是施行德治，通过道德教育规范人们的行为，实现社会和谐有序的善治。在中华优秀传统政治文化中，儒学治世的理由与责任就是持续不断地负责将人教化为文明人，遵循礼仪秩序，过一种有意义的生活。在儒家看来，"国家是一种道德体制，国家的领袖也应当是社会的道德领袖"[1]。"大同社会"理想目标的实现，有赖于"选贤与能"，这就要求治国理政者们不仅要具备治理国家的卓越才能，还必须具有较高的道德品质。在一个德治优先的社会中，"德"与"能"是分不开的，有"德"者才能真正树立起权威，才会有"能"，而"能"又是"德"的具体体现。孔子曰："政者，正也"[2]。《尚书》中也有记载："德惟善政，政在养民。"[3] 这些论述，充分体现了中华优秀传统文化中"以民为本"和"以德为本"高度统一的贤能政治观。这种贤能政治观要求"道洽政治，泽润生民"，以造福于天下为其使命。在中华文明发展史上，"为政以德"的思想贯穿古今，呈现于治国理政者的治国理念中。

第三节　中国特色社会主义文化建设

文化是民族的血脉，是人民的精神家园。时代的发展、社会的进步为

---

① 冯友兰：《中国哲学简史》，赵复三译，生活·读书·新知三联书店 2009 年版，第80 页。
② 《论语·颜渊》。
③ 《尚书·大禹谟》。

文化建设提出了新的要求和使命。进入新时代，文化的作用较过去任何时期都更加凸显和重要。作为中国特色社会主义"五位一体"总体布局中的重要组成部分，文化建设与其他建设互为条件、相互支撑。可以说，文化建设的健康发展直接决定着经济、政治、社会、生态文明建设的推进，决定着"两个一百年"奋斗目标的实现。经济要保持持久动力，文化的创新支撑是关键；发展社会主义民主政治，离不开民主文化的发展；建设社会主义和谐社会，同样离不开文化在振奋民族精神、引导教育人民、纾解社会情绪、稳定社会局面中发挥作用；建设社会主义生态文明，很大程度上依赖于人的发展观念和消费观念的转化，这也与文化建设密切相关。因此，立足新时代的历史方位，在对经济、政治、文化、社会、生态辩证关系总体把握的基础上，党的十九大报告对新时代文化建设进行了全面部署，明确了文化建设在中国特色社会主义建设总体布局中的定位，提出了新时代文化建设的目标和任务，指明了新时代文化建设的路径，为推动文化建设向更高目标迈进提供了根本遵循。

一、中国特色社会主义文化建设的历史成就

文化建设是国家发展、民族复兴的重要动力，在中国特色社会主义建设中具有重大战略意义。纵观新中国成立以来的发展历程，党和国家在推动经济、政治、社会发展的同时，也高度重视文化建设和文化发展。全面回顾 70 多年来我国文化建设取得的主要成就，对于新时代推进文化建设迈上新台阶、实现中华民族伟大复兴的中国梦具有重要意义。

（一）中华民族文化自信重新彰显

新中国成立以来，在中国共产党的领导下，中华民族实现了从站起来、富起来到强起来的伟大飞跃，不仅实现了物质生活的极大丰富，而且重新彰显了中华民族的文化自信。文化的核心是价值观，文化自信的核心是价值观自信。历经 70 多年的文化建设，社会主义核心价值观已经逐渐成为凝聚社会共识、整合社会力量、规范人们行为的内在价值准则。从 1949 年《中国人民政治协商会议共同纲领》中规定，新中国的文化教育

为新民主主义的，即民族的、科学的、大众的文化教育，到党的十六届六中全会第一次明确提出"建设社会主义核心价值体系"这一重大命题，再到党的十八大提出积极培育和践行社会主义核心价值观的重大战略任务。2013年，中共中央办公厅印发《关于培育和践行社会主义核心价值观的意见》，要求把培育和践行社会主义核心价值观融入国民教育全过程。可以说，党和国家高度重视社会主义核心价值观的培育，在全社会借助各种手段、通过各种形式营造深入学习社会主义核心价值观的浓厚氛围，在潜移默化中使社会主义核心价值观逐步深入人心，促进了价值观自信的建立。

（二）主流意识形态建设成就突出

新中国成立以来，党和国家在集中精力发展经济的同时，不断加强社会主义意识形态建设，取得了令人瞩目的成就。意识形态工作的领导权、管理权和话语权不断巩固，主流意识形态的认同度和意识形态安全的维护取得突出成效。首先，党在意识形态领域的领导地位不断巩固。坚持党在意识形态领域的绝对领导，不断提升党在意识形态工作中的领导权、管理权、话语权，为维护我国主流意识形态安全提供了重要保障。其次，马克思主义在意识形态领域的影响力大大提升。新中国成立以来，党和国家非常重视马克思主义、毛泽东思想、中国特色社会主义理论体系的宣传教育，强调党员干部要自觉加强马克思主义理论学习。特别是党的十八大以来，习近平总书记先后主持召开一系列重要会议，对加强意识形态的宣传教育多次作出重要指示，提升了党和国家对意识形态理论的宣传教育力度，提升了马克思主义的影响力和渗透力，铸牢了我国主流意识形态的安全根基。

（三）国民文明素养明显提高

德国宗教改革家马丁·路德说过，一个国家的前途，不取决于它的国库之殷实，不取决于它的城堡之坚固，也不取决于它的公共设施之华丽，而在于它的公民的文明素质。而提高公民的文明素质，正是文化建设的目的所在。首先，新中国成立后，我国通过完善教育体制、加大教育投入等多种手段，改变了新中国成立之初教育落后、人民科学文化素质低的现状，大大提高了人民的科学文化素质。其次，全民思想道德水平明显提升。新中国成立以来，通过阐明社会主义思想道德建设的基本任务、要求、内容和目标并制定相关发展政策，为思想道德建设提供重要的制度保障；通过不断完善思想道德建设队伍、建立健全思想道德建设体系，为思想道德建设提供重要的人才支撑和条件保障。2001 年，中共中央印发《公民道德建设实施纲要》，明确了公民道德建设的重要性、指导思想、方针原则和主要内容等。2019 年，中共中央、国务院又与时俱进地印发了《新时代公民道德建设实施纲要》，为加强新时代公民道德建设提供了重要指导。此外，党和国家还注重通过一系列评选活动，如"全国道德模范""感动中国人物"评选等激发人们参与思想道德建设的热情，带动人们参与思想道德建设的积极性、主动性，促进全民思想道德水平的提升。

（四）文化事业和文化产业蓬勃发展

新中国成立以来，党和国家始终坚持为人民服务、为社会主义服务的文化建设方向和"双百"方针，大力发展文化事业、文化产业，文化在满足人们的精神需求、丰富人们的精神生活方面发挥了巨大作用。首先，文化产业蓬勃发展。新中国成立以来，我国文化产业整体规模不断发展壮大，实力不断提升，文化产品质量大幅提升，同时新兴文化业态发展势头强劲，文化产业集群趋势明显。例如，在文化产业整体规模方面，2018 年我国文化产业实现增加值 38737 亿元，占 GDP 的比重由 2012 年的 3.36% 提高到 2018 年的 4.30%[1]，文化经济总量明显增加。此外，基于网络平台的新兴文化业态如网络、广告传媒、动漫游戏、影视制作等迅速兴起，成为我国文化产业发展的"新常态"，推动了我国文化市场的繁荣发展。其次，文化事业快速发展。新中国成立以来，我国在文化体制改

---

[1]　参见国家统计局：《文化事业繁荣兴盛　文化产业快速发展——新中国成立 70 周年经济社会发展成就系列报告之八》，见 http://www.stats.gov.cn/ztjc/zthd/sjtjr/d10j/70cj/201909/t20190906_1696316.html。

革、文化投资建设、公共文化服务体系健全等方面全面发力，助力推动文化事业繁荣兴盛。例如，国家财政对文化建设的支持力度不断加强，我国文化事业经费逐年增加。1953—1957年五年文化事业费总投入为4.97亿元，1978年当年增加到4.44亿元，到2018年这一数值增加到928.33亿元。1979—2018年，文化事业费年均增长14.3%，2018年比2012年增长93.4%。① 文化事业投入的增加，为群众文化服务提供了有力支撑，推进了我国文化事业的繁荣发展。

（五）文化软实力和中华文化影响力大幅提升

历经70多年的发展，国家文化软实力大幅提升，中华文化的影响力、辐射力明显增强。首先，中华文化的影响力明显提升。从新中国成立初期我国文化交流对象主要局限于社会主义国家及第三世界国家，到现在我国已与全球150多个国家签订了文化合作协议，初步形成覆盖世界主要国家和地区的政府间文化交流与合作网络。截至2019年12月，我国已经在全球162个国家（地区）建立了550所孔子学院和1172个孔子课堂，中华文化的交流伙伴越来越多，影响力越来越大。其次，文化产业的发展助推文化软实力的增强。文化产品的进出口总额稳步扩大，2018年我国文化产品进出口总额为1023.8亿美元，比2012年增长15.4%。文化对外投资有序推进，2018年我国文化、体育、娱乐业对外投资额为16.9亿美元，是2012年的8.5倍，占我国对外直接投资额的1.3%。② 文化投资和文化进出口总额的不断扩大，为中国文化走向世界提供了难得的机遇，也助推中华文化软实力有了明显提升。

---

① 参见国家统计局：《文化事业繁荣兴盛 文化产业快速发展——新中国成立70周年经济社会发展成就系列报告之八》，见 http：//www. stats. gov. cn/ztjc/zthd/sjtjr/d10j/70cj/201909/t20190906_ 1696316. html。

② 参见国家统计局：《文化事业繁荣兴盛 文化产业快速发展——新中国成立70周年经济社会发展成就系列报告之八》，见 http：//www. stats. gov. cn/ztjc/zthd/sjtjr/d10j/70cj/201909/t20190906_ 1696316. html。

二、中国特色社会主义文化建设的目标和主要任务

回顾过去、梳理成就，是为了更好地着眼当下、展望未来。立足新时代的历史方位，以习近平同志为核心的党中央对文化的战略地位的认识日益深入。党的十九大报告指出："文化是一个国家、一个民族的灵魂。文化兴国运兴，文化强民族强"，并提出新时代我国文化建设的目标是"建设社会主义文化强国"。① 党的十九届五中全会更是从战略和全局上对文化建设作出了规划和设计，明确提出建成文化强国的具体时间表，即到2035 年建成文化强国。为此，必须牢牢掌握意识形态工作领导权、管理权和话语权，培育和践行社会主义核心价值观，大力弘扬中华优秀传统文化，提高国家文化软实力，这既是历史的启迪，也是新时代文化建设的任务和使命。

（一）牢牢掌握意识形态工作领导权、管理权和话语权

意识形态决定文化的前进方向和发展道路，这是新时代文化建设的政治保证。习近平总书记高度重视意识形态工作，强调意识形态工作是党的一项极端重要的工作，事关党的前途命运，事关国家长治久安，事关民族凝聚力和向心力。要建设具有强大凝聚力和引领力的社会主义意识形态，不断增强意识形态领域主导权和话语权。

首先，做好意识形态工作，关键在党。完善意识形态工作责任制，压紧压实意识形态工作的政治责任和领导责任，在党的历史上第一次以党内法规形式对党委（党组）意识形态工作责任制作出制度规定，明确了责任约束，切实做到守土有责、守土负责、守土尽责。其次，巩固马克思主义在意识形态领域的指导地位。中国道路的实践证明，马克思主义是我们立党立国的根本指导思想，是社会主义意识形态的旗帜和灵魂。建设具有强大凝聚力和引领力的社会主义意识形态，必须毫不动摇地坚持马克思主

---

① 习近平：《决胜全面建成小康社会　夺取新时代中国特色社会主义伟大胜利——在中国共产党第十九次全国代表大会上的报告》，《人民日报》2017 年 10 月 28 日。

义、与时俱进地发展马克思主义，用马克思主义中国化最新成果指导意识形态工作，这是掌握意识形态工作领导权的关键。再次，坚持党对新闻舆论工作的领导。要把坚持党的领导、坚持以人民为中心的工作导向、坚持正确政治方向三者有机统一起来。同时，要尊重新闻传播规律，创新方式方法，提高新闻舆论传播力、引导力、影响力、公信力。最后，加快构建中国特色社会主义哲学社会科学。按照立足中国、借鉴国外、挖掘历史、把握当代、关怀人类、面向未来的思路，着力构建中国特色哲学社会科学，在指导思想、学科体系、学术体系、话语体系等方面充分体现中国特色、中国风格、中国气派。

（二）培育和践行社会主义核心价值观

历史和现实都表明，核心价值观是决定文化性质和方向的最深层次要素，是一个国家的重要稳定器。能否构建具有强大感召力的核心价值观，关系社会和谐稳定，关系国家长治久安。培育和弘扬社会主义核心价值观作为我国文化建设的重要抓手，党和国家要切实把培育和弘扬社会主义核心价值观作为凝魂聚气、强基固本的基础工程，抓紧抓好。

培育和弘扬社会主义核心价值观，首先要以培养担当民族复兴大任的时代新人为着眼点。习近平总书记强调"育新人"的使命任务，就是要坚持立德树人、以文化人，建设社会主义精神文明、培育和践行社会主义核心价值观，提高人民思想觉悟、道德水准、文明素养，培养能够担当民族复兴大任的时代新人。落实好这一重大使命，必须强化教育引导、实践养成、制度保障，把核心价值观融入社会生活方方面面，转化为人们的情感认同和行为习惯。其次要把核心价值观建设融入精神文明创建各个方面，运用先进典型宣传，建立和规范礼仪制度，体现到文明城市、文明村镇、文明单位、文明家庭、文明校园创建活动各个方面；要把核心价值观建设渗透到精神文化产品创作生产传播各环节，潜移默化地增进人们的思想认同；要按照社会主义核心价值观的要求，健全各行各业规章制度、行为准则，使社会主义核心价值观成为人们日常工作生活的基本遵循。

（三）大力弘扬中华优秀传统文化

中华传统文化是我们民族的"根"与"魂"，是中华民族的突出优势。中华民族伟大复兴需要以中华文化的发展繁荣为条件，因此必须大力弘扬中华优秀传统文化。

大力弘扬中华优秀传统文化，首先，要以科学的态度对待传统文化。要坚持马克思主义的方法和态度，坚持古为今用、推陈出新，系统梳理传统文化资源，认真汲取中华优秀传统文化的思想精华，通过多种形式加强爱国主义、集体主义、社会主义教育，引导人们树立和坚持正确的历史观、民族观、国家观、文化观。其次，要对传统文化进行创造性转化、创新性发展。中华优秀传统文化与社会主义市场经济、民主政治、先进文化、社会治理等还存在需要协调适应的地方。弘扬中华优秀传统文化，重点要做好创造性转化和创新性发展。所谓创造性转化，就是要按照时代的特点和要求，对那些至今仍有价值内涵的陈旧的表现形式加以改造，赋予其新的时代内涵和现代表达形式，激活其生命力。所谓创新性发展，就是要按照时代的新进步新进展，对中华优秀传统文化的内涵加以补充、拓展、完善，增强其影响力和感召力。最后，弘扬中华传统文化，并不意味着故步自封。文明因交流而多彩，文明因互鉴而丰富，对各国人民创造的优秀文明成果，要认真学习借鉴，在不断汲取各种文明养分中丰富和发展中华文化。

（四）提高国家文化软实力

文化软实力集中体现了一个国家基于文化而具有的凝聚力和生命力，以及由此产生的吸引力和影响力。当今世界，文化软实力成为决定国家竞争的关键因素和重要力量。提高文化软实力，关系我国在世界文化格局中的定位，关系我国国际地位和国际影响力，关系"两个一百年"奋斗目标和中华民族伟大复兴中国梦的实现。

首先，努力夯实国家文化软实力的根基。具体来说，就是切实把我们自身的文化建设搞好。继续深化文化体制改革，加快完善文化管理体制和文化生产经营机制，建立健全现代文化市场体系，构建现代公共文化服务体系；大力发展文化事业，以基层特别是农村为重点，进一步提高公共文化服务能力，促进基本公共文化服务标准化、均等化等。其次，努力传播当代中国价值观念。要加强提炼和阐释，拓展对外传播平台和载体，创新人文交流方式，综合运用大众传播、群体传播、人际传播等多种形式，传播当代中国价值观念，塑造当代中国形象，展示中华文化魅力。最后，努力提高国际话语权。现在国际舆论格局总体还是西强东弱，要着力推进国际传播能力建设，创新对外宣传方式，精心构建对外话语体系，发挥好新兴媒体作用，增强对外话语的创造力、感召力、公信力，讲好中国故事，传播好中国声音，阐释好中国特色。

三、中国特色社会主义文化建设的特色和优势

党的十九大报告对如何建设社会主义文化强国作出了全面规定和部署，指明了推进社会主义文化强国建设的路径——坚持中国特色社会主义文化发展道路。中国特色社会主义文化发展道路是对党长期以来领导文化建设形成的基本经验的集中概括。中国的文化建设之所以能够取得如此辉煌的成就，关键就在于党领导中国人民开辟了中国特色社会主义文化发展道路，这也是新时代文化建设的特色和优势所在。

中国社会发展道路决定文化发展道路。经过艰苦曲折的探索，中国共产党决定性地选择了社会主义道路，由此界定了中国文化发展道路的社会主义性质。与西方文化发展道路的资本主义性质不同，中国特色社会主义文化发展道路始终坚持社会主义方向，二者在根本性质上的差异也决定了这两种文化发展道路的诸多不同：西方资本主义文化强调个人至上，倡导英雄主义，中国特色社会主义文化重视集体主义，强调以人民为中心；西方资本主义国家特别是美国主张以自由贸易为主导的文化发展模式，中国强调党的领导是发展社会主义文化的根本保证；西方资本主义国家特别是美国更多是从市场、产业的角度发展文化，中国则是把文化建设纳入国民经济和社会发展总体规划，凸显了中国特色社会主义文化建设的整体性特征。以上种种不同彰显了中国特色社会主义文化发展道路的独特魅力，这

种魅力在于它是以马克思主义为根本指导、植根中国文化土壤、同时批判地吸收国外优秀文化成果的结晶，是马、中、西三种文明融合创新的成果。

（一）指导思想：中国化的马克思主义

中国特色社会主义文化发展道路以中国化的马克思主义为根本指导。党的十九届四中全会明确指出，发展社会主义先进文化、广泛凝聚人民精神力量，必须坚持马克思主义在意识形态领域指导地位的根本制度。把马克思主义在意识形态领域的指导地位第一次作为一项根本制度明确提出来，充分反映了以习近平同志为核心的党中央对社会主义文化建设规律的新把握，深刻展现了在繁荣和发展中国特色社会主义文化这一重大认识上的新境界。

中国特色社会主义文化发展道路以马克思主义为根本指导，这是经中国实践检验作出的历史选择。近代以来，哪个阶级的思想武器能解决中国的时代问题，这种思想体系就可能上升为国家和社会的指导思想。中体西用论、中国本位文化论、全盘西化论以及各种教育、科技救国论等主张，都功败垂成。只有掌握了马克思主义，中国人民在精神上才由被动转为主动。中国实践证明，照搬马克思主义和苏联经验，都无法指导中国革命取得胜利。必须使马克思主义在中国具体化，创造中国自己的理论。毛泽东思想、邓小平理论、"三个代表"重要思想、科学发展观、习近平新时代中国特色社会主义思想，是中国在长期的革命、建设和改革开放的实践中形成的社会主义建设的指导思想。这一中国化的马克思主义理论体系决定了中国特色社会主义文化的内容和性质，是中国特色社会主义文化发展道路必须坚持的指导思想。

（二）历史根脉：中华优秀传统文化

具有五千年历史的中华传统文化是中国特色社会主义文化发展道路的历史根脉，这是其与众不同的独特魅力的根源所在。中华文明为当代中国治国理政和文化建设提供丰富的思想资源。如中国古代对"大同"理想社会的追求，与今天提出的"两个一百年"奋斗目标是相通的；"民为邦本"的民本思想与今天提出的"以人民为中心"的立场是一脉相承的；"修身齐家治国平天下"与今天倡导的社会主义核心价值观是相统一的；"和而不同"的价值理念与今天提倡的构建人类命运共同体的理念是不谋而合的。此外，中华文化也为解决全球性问题提供中国智慧。习近平总书记指出："中国'和'文化源远流长，蕴涵着天人合一的宇宙观、协和万邦的国际观、和而不同的社会观、人心和善的道德观。"① 这些观念与丛林法则、你输我赢的零和游戏等观念形成鲜明对比，也与文明优越论、文明冲突论形成鲜明对照，是中国特色社会主义文化发展道路形成的精神基因，已经深深地植根于中国人的血脉中。

运用马克思主义立场观点方法，批判吸收中华传统文化，是发展当代中国文化的基本路径。毛泽东提出"古为今用""以古鉴今"等方针，习近平提出"坚持有鉴别的对待、有扬弃的继承，而不能搞厚古薄今、以古非今，努力实现传统文化的创造性转化、创新性发展"②。马克思主义和中华优秀传统文化相结合，是建设中国特色社会主义文化的必由之路。只有以马克思主义为指导，批判吸收中华优秀传统文化，实现其创造性转化和创新性发展，才能占领文明的制高点，建设中国特色社会主义先进文化。

（三）文化滋养：其他优秀文明成果

运用马克思主义批判地吸收国外优秀文化成果，是发展中国特色社会主义文化的基本要求。在如何对待国外文化问题上，毛泽东曾提出"洋为中用"的方针，邓小平也指出："社会主义要赢得与资本主义相比较的优势，就必须大胆吸收和借鉴人类社会创造的一切文明成果，吸收和借鉴当今世界各国包括资本主义发达国家的一切反映现代社会化生产规律的先

---

① 习近平：《在中国国际友好大会暨中国人民对外友好协会成立 60 周年纪念活动上的讲话》，《人民日报》2014 年 5 月 16 日。

② 习近平：《在纪念孔子诞辰 2565 周年国际学术研讨会暨国际儒学联合会第五届会员大会开幕会上的讲话》，《人民日报》2014 年 9 月 25 日。

进经营方式、管理方法。"① 这一观点已经成为发展中国特色社会主义文化的重要经验。

马克思的唯物史观告诉我们，在相同的历史时期，文明表现为多样性的存在。随着世界历史日益走向开放，各种文明之间的相互交流、相互融合、相互建构不可避免。中国的文化发展也必须顺应世界历史发展的客观规律，以中国实际需要为着眼点，取其精华、去其糟粕，才能创造出新的更为先进的文化成果。正如习近平总书记所说："坚持不忘本来、吸收外来、面向未来，在继承中转化，在学习中超越"②。推动马克思主义的中国化、民族传统文化的现代化、西方文化的本土化，才能实现中国文化大发展大繁荣。

总之，一定社会的文化建设是一项系统工程，必须处理好物质和精神、理论和实践、历史和现实、中国和外国等一系列关系。在中国特色社会主义新的历史方位中，要稳步推进中国特色社会主义文化的繁荣发展，必须始终坚持中国特色社会主义文化发展道路，把握中国特色社会主义文化建设担负的文化使命，进而推动社会主义文化不断向纵深发展，真正为中华民族伟大复兴提供坚实的精神支撑和文化力量。

第四节 中国特色社会主义社会建设

社会建设直接关系到民生事业和国家长治久安，是社会主义本质的内在要求，是中国特色社会主义"五位一体"总体布局的重要组成部分。新中国成立后，虽然并未明确提出"社会建设"的任务，但改善人民生活和社会治理的工作事实上在不断推进，社会建设始终内在于社会主义现代化建设之中。改革开放以后，伴随着体制改革的不断深入和经济社会的快速发展，"社会建设"作为现代化建设的一项重要任务被及时提出，并

---

① 《邓小平文选》第三卷，人民出版社1993年版，第373页。
② 习近平：《在中国文联十大、中国作协九大开幕式上的讲话》，《人民日报》2016年12月1日。

在实践中不断发展完善。2004 年，党的十六届四中全会明确将"构建社会主义和谐社会"作为加强党的执政能力建设的重要内容。2007 年，党的十七大将社会建设与经济建设、政治建设、文化建设并列，提出要"加快推进以改善民生为重点的社会建设"。党的十八大以来，以习近平同志为核心的中共中央领导集体高度重视社会建设，从党和人民事业发展的高度，作出一系列重要论述和重大部署，不断推动社会建设的理论和实践取得重要成就。在中国特色社会主义新时代，我们必须深入学习领会习近平总书记关于社会建设的系列重要论述，准确理解把握社会建设的丰富内涵，并根据时代发展的新形式新要求创新社会建设实践，不断满足人民日益增长的美好生活需要，进一步推动人的全面发展、社会全面进步。

一、中国特色社会主义社会建设的历史成就

新中国成立 70 多年来，特别是改革开放 40 多年来，我国的社会建设事业取得长足发展，人民生活水平显著提高，民生保障和社会治理体系不断完善、能力不断增强，充分体现了以人民为中心的发展思想，彰显了中国特色社会主义制度的巨大优越性。①

第一，教育普及程度大幅提高，总体水平跃居世界中上行列。新中国成立初期，我国教育水平低下，人口文化素质差，学龄儿童入学率只有20% 左右，全国 80% 以上人口是文盲。20 世纪 50—70 年代，我国重视发展基础教育。1978 年，基本普及小学教育，学龄儿童入学率达到 95.5%；1982 年，文盲率降至 22.8%。改革开放以来，我国教育进入全面发展时期，义务教育不断完善，高等教育逐步加强，国民受教育程度不断提高。2018 年，九年义务教育巩固率达 94.2%；普通本专科在校学生 2831 万人，比 1978 年增长 32 倍；15 岁及以上人口平均受教育年限由 1982 年的5.3 年提高到 9.6 年。党的十八大以来，我国教育事业取得新的历史性进

---

① 以下数据主要来自国家统计局专题报告《沧桑巨变七十载　民族复兴铸辉煌——新中国成立 70 周年经济社会发展成就系列报告之一》，见 http：//www. gov. cn/xinwen/2019-07/01/content_ 5404949. htm。

展，总体发展水平跃居世界中上行列，现代职业教育体系初步建立。2018年，我国高等教育毛入学率已达到48.1%，高于中高收入国家平均水平；中等职业教育学校达到10340所。教育事业发展有效提升了全民族的科技文化素质，为社会主义现代化建设培养了大量人才资源。

第二，就业规模不断扩大，就业结构逐步改善。新中国成立前，经济凋敝，城镇劳动力多数处于失业状态。1949年末，全国城乡就业人员18082万人，其中城镇就业人员仅有1533万人，城镇失业率高达23.6%。20世纪50—70年代，通过积极发展经济，我国就业状况逐步改善。1978年末，我国就业人员达到40152万人，其中城镇就业人员9514万人。改革开放以来，随着经济发展和就业优先政策实施，我国就业总量大幅增加，大量农村富余劳动力向第二、三产业转移。2018年末，我国就业人员增加到77586万人，其中第二、三产业就业人员占比分别为27.6%和46.3%，比1952年末分别提高20.2个和37.2个百分点。党的十八大以来，放管服改革持续深入，大众创业、万众创新蓬勃发展，有效激发市场活力，促进新兴就业岗位不断涌现，第三产业、中小微企业和民营经济成为吸纳就业的主渠道，就业形势稳中向好。

第三，居民收入持续增加，消费水平不断提高。新中国成立之初，居民收入和消费水平很低。1956年，全国居民人均可支配收入仅为98元，人均消费支出仅为88元。由于人口增长快、积累和消费关系不合理等原因，1978年全国居民人均可支配收入也仅为171元，人均消费支出为151元。改革开放以来，经济持续快速发展带动城乡居民收入水平不断提升。2018年，全国居民人均可支配收入达到28228元，比1978年实际增长24.3倍。居民消费能力显著提升，消费结构升级趋势明显。2018年，全国居民人均消费支出为19853元，比1978年实际增长19.2倍；全国居民恩格尔系数为28.4，降低35.5个百分点。家电、汽车等耐用消费品拥有量大幅增加，居住条件显著改善。党的十八大以来，农村居民人均可支配收入实际增速连续多年快于城镇居民，城乡居民收入差距不断缩小。

第四，社会保障不断加强，织就广覆盖的民生安全网。新中国成立初期，我国社会保障尚属空白。20 世纪 50—70 年代，开始由国家和单位对城镇职工提供劳保等一定福利，并由集体对农民实行少量保障。改革开放以来，适应经济社会发展需要，我国社会保障制度逐步建立，覆盖面持续扩大，待遇水平稳步提升。党的十八大以来，多层次社会保障体系加快构建，社会保障水平稳步提高。2018 年末，全国参加城镇职工基本养老保险人数 41848 万人，比 1989 年末增加 36138 万人；参加失业保险人数19643 万人，比 1994 年末增加 11675 万人；参加工伤保险人数 23868 万人，比 1994 年末增加 22046 万人；基本养老保险覆盖超过 9 亿人，医疗保险覆盖超过 13 亿人，基本实现全民医保。

第五，脱贫攻坚战取得全面胜利，历史性消除绝对贫困。新中国成立前，国家积贫积弱，人民贫困如洗。20 世纪 50—70 年代，城乡居民生活有所改善，但农村贫困问题始终突出。按照 2010 年标准，1978 年末我国农村贫困人口 7.7 亿人，农村贫困发生率高达 97.5%。改革开放以来，随着农业、农村改革不断深入和扶贫开发大力推进，我国贫困人口大幅减少。2012 年末，我国农村贫困人口下降至 9899 万人，农村贫困发生率降至 10.2%。党的十八大以来，扶贫力度进一步加大，脱贫攻坚战大力推进，贫困人口脱贫明显加快。2012—2020 年，平均每年 1000 多万人脱贫。截至目前，我国脱贫攻坚战已经取得全面胜利，现行标准下 9899 万农村贫困人口全部脱贫，832 个贫困县全部摘帽，12.8 万个贫困村全部出列，区域性整体贫困得到解决，完成了消除绝对贫困的艰巨任务，在中华大地上全面建成了小康社会，提前 10 年实现《联合国 2030 年可持续发展议程》减贫目标。脱贫攻坚战创造了减贫治理的中国样本，为全球减贫事业作出了重大贡献。

第六，医疗卫生长足进步，国民健康水平持续提高。新中国成立初期，我国医疗卫生水平很低，且大部分医院集中在城镇。20 世纪 50—70 年代，经过努力，我国公共卫生体系初步建立。1978 年末，我国医疗卫生机构 17 万个，床位数 204 万张，卫生技术人员 246 万人，但医疗卫生事业总体水平依然不高。改革开放以来，公共卫生领域投入不断加大，医疗科技水平迅速提高，医疗卫生体系建立健全。2018 年末，全国共有医疗卫生机构 99.7 万个，比 1949 年末增长 271 倍；卫生技术人员 952 万人，增长 17.8 倍。疾病防控能力明显增强，居民健康状况显著改善。党的十八大以来，医疗、医保、医药事业深入发展，医疗卫生体制改革不断深化，分级诊疗制度逐步建立，全民医保体系加快健全，为人民健康撑起牢固保障网，我国医疗卫生事业发展成效显著。居民预期寿命由新中国成立初的 35 岁提高到 2018 年的 77.0 岁，婴儿死亡率由新中国成立初的 200‰下降到 2018 年的 6.1‰，居民健康水平总体上优于中高收入国家平均水平。

第七，社会治理体系和治理格局不断完善。改革开放以前，国家以"单位"为主要载体对社会各个领域实行有效管制，国家与社会高度重合，具有显著的"国家—社会"一体化特征。这种体制虽然保证了社会长期稳定，但社会作为国家治理重要主体的内在活力受到一定限制。1978 年以后，随着改革开放的深入推进，社会逐渐从国家体制中独立出来，社会活力不断增强，"社会管理"成为社会建设的重要内容。党的十八大以来，"社会管理"进一步发展为"社会治理"，治理观念由传统转向现代，治理主体由一元转向多元，治理过程由单向度转向多向度，现代社会治理体系不断完善，共建共治共享的社会治理格局逐渐形成。

二、中国特色社会主义社会建设的目标和主要任务

中国特色社会主义社会建设是社会主义现代化建设的重要内容，要始终贯彻落实以人民为中心的发展思想，不断提升社会文明水平。社会建设的总体目标是：通过改善民生和创新社会治理，不断满足人民日益增长的美好生活需要，不断促进社会公平正义，形成有效的社会治理、良好的社会秩序，使人民获得感、幸福感、安全感更加充实、更有保障、更可持续。具体而言，社会建设主要包括两个方面的重点：一是提高保障和改善民生水平；二是加强和创新社会治理。

（一）提高保障和改善民生水平

民生是人民幸福之基、社会和谐之本。要坚持在发展中保障和改善民生，抓住人民最关心最直接最现实的利益问题，统筹做好教育、就业、收入、社保、医疗等基本民生工作，在发展中补齐民生短板、促进社会公平正义，不断促进人的全面发展、全体人民共同富裕。

一是要优先发展教育事业。必须把教育事业放在优先位置，深化教育改革，加快教育现代化，办好人民满意的教育。要全面贯彻党的教育方针，落实立德树人根本任务，大力发展素质教育，推进教育公平，推动城乡义务教育一体化发展。加快一流大学和一流学科建设，完善职业教育和培训体系，加强师德师风建设，培养高素质教师队伍，办好继续教育，加快建设学习型社会。

二是要实现更高质量和更充分就业。要坚持就业优先战略和积极就业政策，注重解决结构性就业矛盾，鼓励创业带动就业。破除妨碍劳动力、人才社会性流动的体制机制弊端，使人人都有通过辛勤劳动实现自身发展的机会。完善政府、工会、企业共同参与的协商协调机制，构建和谐劳动关系。

三是要促进收入分配更合理、更有序。要坚持按劳分配原则，完善按要素分配的体制机制，拓宽居民劳动收入和财产性收入渠道，努力扩大中等收入群体。履行好政府再分配调节职能，加快推进基本公共服务均等化，缩小收入分配差距。

四是要加强社会保障体系建设。要按照兜底线、织密网、建机制的要求，全面建成覆盖全民、城乡统筹、权责清晰、保障适度、可持续的多层次社会保障体系，全面实施全民参保计划。统筹城乡社会救助体系，保障妇女儿童合法权益，加快发展残疾人事业。坚持"房住不炒"定位，加快建立多主体供给、多渠道保障、租购并举的住房制度。

五是要实施健康中国战略。要深化医药卫生体制改革，全面建立中国特色基本医疗卫生制度、医疗保障制度和优质高效的医疗卫生服务体系。健全完善国民健康政策，倡导健康文明生活方式。

六是要积极应对人口老龄化。要制定人口长期发展战略，优化生育政策，降低生育、养育、教育成本，促进人口长期均衡发展，提高人口素质。积极开发老龄人力资源，发展银发经济。推动养老事业和养老产业协同发展，完善中国特色养老服务体系。

（二）加强和创新社会治理

社会治理是国家治理的重要内容，关系到国家安全、社会安定、人民安康。必须加强和创新社会治理，打造共建共治共享的社会治理格局，建设人人有责、人人尽责、人人享有的社会治理共同体。

一是要夯实正确处理新形势下人民内部矛盾有效机制。要坚持和发展新时代"枫桥经验"，畅通和规范群众诉求表达、利益协调、权益保障通道，完善信访制度，完善人民调解、行政调解、司法调解联动工作体系，健全社会心理服务体系和危机干预机制，完善社会矛盾纠纷多元预防调处化解综合机制，努力将矛盾化解在基层。

二是要完善社会治安防控体系。坚持专群结合、群防群治，提高社会治安立体化、法治化、专业化、智能化水平，形成问题联治、工作联动、平安联创的工作机制，提高预测预警预防各类风险能力，增强社会治安防控的整体性、协同性、精准性。

三是要健全公共安全体制机制。完善和落实安全生产责任和管理制度，建立公共安全隐患排查和安全预防控制体系。构建统一指挥、专常兼备、反应灵敏、上下联动的应急管理体制，优化国家应急管理能力体系建设，提高防灾减灾救灾能力。加强和改进食品药品安全监管制度，保障人民身体健康和生命安全。

四是要构建基层社会治理新格局。完善群众参与基层社会治理的制度化渠道。健全党组织领导的自治、法治、德治相结合的城乡基层治理体系，健全社区管理和服务机制，实现政府治理和社会调节、居民自治良性互动，夯实基层社会治理基础。

五是要完善国家安全体系。坚持总体国家安全观，统筹发展和安全，坚持人民安全、政治安全、国家利益至上有机统一。以人民安全为宗旨，以政治安全为根本，以经济安全为基础，以军事、科技、文化、社会安全为保障，健全国家安全体系，增强国家安全能力。提高防范抵御国家安全风险能力，高度警惕、坚决防范和严厉打击敌对势力渗透、破坏、颠覆、分裂活动。

三、中国特色社会主义社会建设的特色和优势

中国特色社会主义社会建设具有两方面的基本规定性，即"中国特色"和"社会主义"。之所以是"中国特色"的，在于它植根于中华文明数千年连续发展的深厚土壤，立足于中国社会的基本特征和中国人民的普遍心理；之所以是"社会主义"的，在于它始终坚持中国共产党的领导，坚持社会主义的基本方向。中国特色社会主义社会建设将上述两方面规定性有机统一起来，因而具有深厚的历史文化根基和显著的独特优势。

第一，中国共产党的领导是中国特色社会主义的最本质特征和最大优势，也是社会建设必须遵循的首要原则，是维护社会稳定、实现社会整合、促进社会有效治理的根本保证。这是中华文明"大一统"传统的现代转化，也是马克思主义政党理论的根本要求。中国有着历史悠久的"大一统"理念与实践，以皇帝为代表的中央政府对于基层社会保持着较高程度的控制和治理，从而有效实现了国家统一和社会整合。这种社会整合能力在传统社会生产条件下是非常难得的。近代以来，传统社会的整合方式无法有效应对现代西方文明的挑战；其他各种政治力量的努力都归于失败，只有中国共产党通过广泛而深刻的社会革命有效凝聚了国家力量和人民意志，在现代条件下实现了中国社会更深层次、更高程度的社会整合。中国共产党将先进的马克思主义理论和深厚的中华文明有机结合，开创了中国特色社会主义的理论与实践，不断推进社会主义现代化建设和中华民族伟大复兴的历史进程。在中国特色社会主义社会建设过程中，中国共产党作为中国特色社会主义事业的坚强有力的领导核心，不仅能够有效维护社会稳定、避免社会动荡，为推进社会建设准备基本前提，而且能够始终坚持以人民为中心、有效凝聚各方力量，并根据社会矛盾变化及时调

整社会建设的具体方向，从而适应新情况、解决新问题，不断促进社会有效治理，推动社会文明的实现。

第二，共同富裕是社会建设的根本目标，这既是中华文明的重要传统，也是社会主义的本质要求。中华文明始终追求财富均等、天下大同，反对贫富悬殊、两极分化。孔子提出的"不患寡而患不均"成为历代政治家和思想家进行社会治理的重要原则，"富者田连阡陌，贫者无立锥之地"始终是他们竭力反对和避免的社会现象，天下为公、各得其所的"大同"社会则是中国古代关于美好社会的理想愿景的集中体现。马克思主义则深刻揭示出资本主义社会贫富两极分化的社会根源，科学分析了资本主义社会必将灭亡、共产主义必将实现的历史方向，正确指明了克服和解决资本主义社会弊病的发展道路。中华文明与马克思主义在社会理想方面的深度契合凝练为共同富裕的根本目标，中国特色社会主义社会建设既克服和超越了对西方资本主义社会发展模式的弊病，避免了财富两极分化和社会全面分裂；又在现代社会条件下继承和发展了中华文明对美好社会的向往，将在更高层次上实现大同社会理想。

第三，公平正义是社会建设的核心要义，为此要不断健全促进社会有序流动的体制机制，避免阶层固化。中国古代社会在这方面有着丰富的理念构想和制度实践。从农民起义"王侯将相宁有种乎"的口号到科举考试"朝为田舍郎，暮登天子堂"的理想，从不同的角度表达了主张社会流动、反对阶级固化的社会愿望；而西汉开创的察举制和隋唐以降的科举制则通过制度化的方式使人人都能享有改变命运的公平机会，从而促进社会流动的实现。与之相比，马克思主义更加注重社会公平，通过一系列制度实践实现机会公平和结果公平的辩证统一，促进社会有序流动，并在终极意义上消灭社会阶级，使全体社会成员都能够各尽所能、各取所需，实现人的自由全面发展。中国特色社会主义社会建设以促进社会公平正义为核心要义，逐步建立以权利公平、机会公平、规则公平为主要内容的社会公平保障体系。这是马克思主义公平正义观在当代中国的具体实践，也是中国古代社会相关理念和实践的批判性继承和发展。

　　第四，构建社会治理共同体是社会建设的重要目标，这既是对中华文明"家国天下"理念的当代延续，也是对马克思主义共同体理论的中国实践。中国古人认为"天下之本在国，国之本在家"，家—国—天下具有高度同构性，因而家庭伦理向外扩展就成为社会伦理和政治伦理。在"家国天下"理念下，整个社会就是一个命运共同体，所有社会成员都与个体息息相关，因而每个人都要承担对于共同体的责任，也都共享共同体所带来的好处。"家国天下"理念根深蒂固，至今仍然深刻影响着中国人的思想和行为，这构成了社会治理共同体的社会心理和文化基础。马克思主义指出，人类社会生活共同体是人类社会基本生活方式的本质彰显，这一共同体是随着人类社会的发展而不断发展的，即：从以"人的依赖关系"为特征的原始共同体，到倚重"以物的依赖性为基础的人的独立性"而形成的政治共同体，进而实现以"人的全面发展"为基础的自由人联合体。自由人联合体是基于个体的自由结合而成，实现了特殊利益与公共利益的完全统一，每个人都能在其中实现自己的全部本质，因而是"真正的共同体"。[①] 社会治理共同体是"真正的共同体"在社会主义初级阶段的具体实践，体现了"真正的共同体"的价值取向。因此，中国特色社会主义社会建设致力于构建人人有责、人人尽责、人人享有的社会治理共同体，既立足中华文明的深厚根基，又依循马克思主义的科学指导，是符合中国社会发展特点、顺应人类社会发展趋势的发展方向，具有显著的制度优势和文化优势。

第五节　中国特色社会主义生态文明建设

　　"生态兴则文明兴，生态衰则文明衰"。世界四大古文明均诞生于资源丰富、气候温和、水源充沛、植被丰茂的环境中，良好的自然生态为人

[①]　参见康渝生、胡寅寅：《人的本质是人的真正的共同体——马克思的共同体思想及其实践旨归》，《理论探讨》2012 年第 5 期。

类的生存和发展提供了不可或缺的助力。进入 21 世纪，世界各地的人们共同面临着日趋严峻的气候变化、物种多样性丧失、土地荒漠化、环境污染等资源、生态、环境问题。这些问题深远地影响着全球人类的生活和生产，甚至关系到一些地区、民族、国家的存亡。

党的第十八次全国代表大会正式提出生态文明建设。这是关系中华民族永续发展的根本大计，是中国和世界发展史上的一场深刻变革，这既是中国人走向美丽中国的必经之路，也是全人类走向未来的必然选择。

一、中国特色社会主义生态文明建设的历史成就

新中国成立初期，中国在环境保护方面进行了一些基本的探索。1956年，全国开始了第一个"12 年绿化运动"。1972 年，中国派出代表团参加了在瑞典斯德哥尔摩召开的联合国人类环境会议。1973 年，国务院召开第一次全国环境保护会议。1974 年，国务院环境保护领导小组及其办公室成立，标志着中国环境保护工作的正式启动。

改革开放以后，中国环境保护制度体系逐步形成。1978 年，《宪法》首次明确"国家保护环境和自然资源，防治污染和其他公害"。1979 年，全国人大颁布了《中华人民共和国环境保护法（试行）》；同年，3 月 12日被定为植树节，"三北"防护林建设开始启动。1982 年，国务院设立城乡建设环境保护部，内设环境保护局。1983 年，环境保护被确立为基本国策。1988 年，原国家环境保护局成立，成为国务院组成部门之一独立开展工作。1989 年，第三次全国环境保护会议系统地确定了环境保护三大政策和八项管理制度，即预防为主、防治结合，谁污染谁治理和强化环境管理的三大政策，以及"三同时"制度、环境影响评价制度、排污收费制度、城市环境综合整治定量考核制度、环境目标责任制度、排污申报登记和排污许可证制度、限期治理制度和污染集中控制制度。这些政策和制度有效地遏制了当时"以经济建设为中心"背景下环境状况恶化的趋势。

1992 年，联合国环境与发展大会在里约热内卢召开，大会通过了

《21世纪议程》，并提出"可持续发展"理念。1994年，中国发布《中国21世纪议程》，作为制定国民经济和社会发展中长期计划的指导性文件，将可持续发展战略上升为国家战略。1996年，第四次全国环境保护大会提出"保护环境的实质就是保护生产力"的论断。1998年，原国家环境保护局被提升为国家环境保护总局。与此同时，各级政府越来越重视污染防治工作，环保投入不断增大，污染防治工作开始由工业领域逐渐转向流域和城市污染综合治理。

2005年，《联合国气候变化框架公约》缔约国签订的《京都议定书》正式生效。中国制定了《应对气候变化国家方案》，以更加开放的姿态和务实合作的精神参与全球环境治理。2008年，环境保护部正式成立，并组建华东、华南、西北、西南、东北、华北六大区域环境保护督察中心。国家卫星环境应用中心建设开始启动，环境与灾害监测小卫星成功发射；排污权交易、生态补偿、绿色信贷、绿色保险、绿色证券等政策逐步试点实施；各类新技术、新政策不断助力我国的生态环境保护。

2013年以来，以习近平同志为核心的党中央把生态文明建设摆在治国理政的突出位置。党的十八大通过的《中国共产党章程（修正案）》，把"中国共产党领导人民建设社会主义生态文明"写入《党章》，这是世界上第一次将生态文明建设纳入一个政党特别是执政党的行动纲领中。2015年，中共中央、国务院印发《生态文明体制改革总体方案》，随之开启了一系列生态环境治理体系和治理能力现代化的改革。2018年，十三届全国人大一次会议通过了《中华人民共和国宪法修正案》，把生态文明和"美丽中国"写入《宪法》。2018年，全国第八次生态环境保护大会正式确立了习近平生态文明思想，这是在中国生态环境保护历史上具有里程碑意义的重大理论成果。

70多年来，中国自然生态环境质量总体呈改善趋势。森林覆盖率从新中国成立初期的13%增加到2018年的23%①，全球2000年到2017年

---

① 参见国家统计局：《中国统计年鉴2019》。

新增的绿化面积中，25%以上来自中国①；土地荒漠化、沙化整体上得到初步遏制，荒漠化、沙化土地持续减少；全国酸雨区面积已从 20 世纪 90 年代中期的 40%左右下降到 2019 年的 5%②；2017 年耕地保有量达到 20 亿亩，粮食安全得到基本保障。③ 2019 年，75%的全国地表水国控断面达到Ⅰ—Ⅲ类水质，劣Ⅴ类水体比例下降到 3%；70%的湖泊达到Ⅰ—Ⅲ类水质，劣Ⅴ类水体比例下降到 7%。截至 2019 年底，全国共建立以国家公园为主体的各级、各类保护地逾 1.18 万个，保护面积占全国陆域国土面积的 18%，管辖海域面积的 4%。④ 中国以较为薄弱的生态环境资源支持了改革开放以来的高速发展，总体上实现了更高的资源与环境保护效率。

二、中国特色社会主义生态文明建设的目标与主要任务

在《1844 年经济学哲学手稿》中，马克思指出："共产主义，作为完成了的自然主义，等于人道主义，而作为完成了的人道主义，等于自然主义，它是人和自然之间、人和人之间的矛盾的真正解决，是存在和本质、对象化和自我确证、自由和必然、个体和类之间的斗争的真正解决。"⑤坚持自然主义的原则，要求人类活动遵从生态规律，并在实践上保护地球上的生命和整个自然界。坚持人道主义，则是所有的人享有公正和平等的权利与义务。这是处理人与人之间关系的主要原则。在人与自然的关系上，人类按照公正与平等的原则分享地球生态资源，并在自然价值的基础上创造和实现文化价值；在人与自然双赢的基础上，人类公平和平等地分配自然价值和文化价值。⑥

作为中国化的马克思主义，中国特色社会主义的生态文明建设，不仅

---

① 参见《美报告：全球新增绿化面积 1/4 在中国》，《新华每日电讯》2019 年 2 月 14 日。
② 参见生态环境部：《2019 中国生态环境状况公报》。
③ 参见国家统计局：《中国统计年鉴 2019》。
④ 参见生态环境部：《2019 中国生态环境状况公报》。
⑤ 《马克思恩格斯全集》第 42 卷，人民出版社 1979 年版，第 120 页。
⑥ 参见余谋昌：《环境哲学：生态文明的理论基础》，中国环境科学出版社 2010 年版，第 123 页。

追求人与自然关系的和谐，同时也追求人与人关系的和谐。习近平总书记指出：“生态环境是关系党的使命宗旨的重大政治问题，也是关系民生的重大社会问题。”① 2020年10月，党的十九届五中全会明确了二〇三五年基本实现社会主义现代化的远景目标，其中包括“广泛形成绿色生产生活方式，碳排放达峰后稳中有降，生态环境根本好转，美丽中国建设目标基本实现”②。生态文明建设就是要坚定地走生产发展、生活富裕、生态良好的文明发展道路，为广大人民群众建设望得见山、看得见水、记得住乡愁的美丽中国，并为全球减缓气候变化与生态安全作出贡献。

在当前和今后一个时期，改革将是生态文明建设的主线。③生态文明建设需要妥善地回答“谁所有、谁使用、谁来管、怎么管”等几个问题。这既是提高生态环境资源利用效率的关键问题，也是提高国家治理体系和治理能力现代化的重要一环。

生态文明建设强调自然资源的所有制及分配改革。习近平总书记指出，“良好生态环境是最公平的公共产品，是最普惠的民生福祉”④。坚持自然资源全民或集体所有、全民共享、全民受益是社会主义制度的基本特征，是人民群众公平享有一系列与资源环境相关权利的基本保障。各级地方政府既承担着不同类型自然资源的所有者职责，同时也是所辖范围内生态环境保护的责任人，“守土有责、守土尽责”是他们的重要任务。

党的十九大以来，生态红线、环境质量底线、资源利用上限和环境准入清单“三线一单”等政策陆续实施，对广义的生态环境资源——包括具象的自然资源与抽象的环境容量资源——进行了产权界定和权责划分。通过对自然资源产权结构、空间分布、质量、数量的限定，生态文明自然资源产权制度体系对生态环境资源的开发与保护进行了全面规制，明确了

---

① 《习近平谈治国理政》第三卷，外文出版社2020年版，第359页。
② 《中国共产党第十九届中央委员会第五次全体会议公报》，《人民日报》2020年10月30日。
③ 参见陆琼：《改革，美丽中国建设的主线》，《世界环境》2017年第6期。
④ 《十八大以来重要文献选编》（中），中央文献出版社2016年版，第493页。

开发什么，保护什么；在哪开发，在哪保护；由谁开发，由谁保护；怎么开发，怎么保护等一系列问题。美丽中国的建设，有了一张立体的清晰的蓝图。

生态文明建设强调管理体制改革。党的十八大以来，党中央密集开展了一系列包括机构重组在内的管理体制改革，有效改变了过去资源、生态、环境领域"九龙治水"的局面，"山水林田湖草"等自然生态要素作为一个完整的系统被纳入统筹管理，生态系统的整体性得以保证和强化。

领导干部绩效考核同时进行改革。过去，"唯 GDP 论"曾长期占据着党政干部考核的中心位置，GDP 成为引导各级官员施政方向的指挥棒。生态文明建设将完善领导干部绩效考核体系和责任追究制度，实行差异化评价和终身追责。去掉以经济增长为主要目标的"紧箍咒"后，可以驱动各级地方政府转变发展观念，重视经济、社会、环境的全面发展。

生态文明建设也是公众参与国家治理的重要平台。在生态保护和环境治理中，仅仅依靠政府的力量不足以实现最高的效率、达成最好的效果。生态文明建设将构建以政府为主导、企业为主体、社会组织和公众共同参与的环境治理体系。政府与公众之间的良性互动，以及新技术的应用等，都将低成本、大范围地促进环境类社会冲突的化解。

生态文明建设强调绿色发展，强调进一步完善基于市场机制的资源和环境保护。我国过去几十年的高速经济增长主要依靠粗放型的发展模式，致使生态环境退化成本一度占到 GDP 的 3% 左右。如果不确立"绿水青山就是金山银山"的发展观，如果不通过最严格的生态环境保护制度来"倒逼"经济转型，未来的经济增长将难以支付环境成本，中国将难以跨过"中等收入陷阱"而迈向现代化强国。

在产业发展上，生态文明建设的目标是持续优化产能，推进产业升级，构建技术创新体系，健全以产业生态化和生态产业化为主体的生态经济体系。在污染治理上，生态文明建设的目标是推进"污染防治攻坚战""蓝天保卫战""碧水保卫战""净土行动"和农业农村污染治理攻坚战，坚守环境质量底线，让人民群众切实感受到环境质量的改善。

通过"污染者付费""使用者付费"等原则开发的各类市场手段，可以进一步推动生态环境产品的价值实现。公共的、免费的资源可能会被滥用和浪费，而如果污染者获利而不支付污染成本，损害自然环境和公众健康而不进行补偿，就是典型的环境不公平。生态文明建设的任务之一，就是通过法律手段和市场工具将社会成本内部化，从而激励资源的高效利用，实现环境公平。

生态文明建设同时也是中国走向大国外交的重要抓手，积极参与国际环境议题同样是我们的重要目标和任务。工业文明早期，各国争夺海权以发展自由贸易；工业文明中期，各国争夺金融霸权以获取财富；工业文明后期，各国则争夺环境资源以获取更大的生存和发展空间。全球气候变化谈判成为国际政治新议题，其背后是国际社会对环境资源的竞争。从2016年签署《巴黎协定》开始，中国已成为国际气候谈判的引领者，体现了负责任的大国形象。2020年9月，中国宣布了"二氧化碳排放力争于2030年前达到峰值，努力争取2060年前实现碳中和"[1] 的目标，中国减排的速度和力度将远超发达国家。

生态文明建设既关系到新时代中国特色社会主义发展的宏观理论层面，又在微观层面上与政治、文化、社会、经济等领域的建设发展紧密相关。正是其如此广泛而密切的相关性，以及全国人民乃至全世界人民对人与自然和谐发展的普遍关切，使生态文明建设必然成为推进新时代社会主义建设的重要抓手和战略突破口。美丽中国建成之日，就是实现中华民族的伟大复兴中国梦之时。

三、中国特色社会主义生态文明建设的特色和优势

中国特色社会主义道路根植于中华优秀传统文化之中，是从中华优秀传统文化的传承中走出来的。这条道路的选择既是政治选择，同时也是文

---

[1] 《习近平在第七十五届联合国大会一般性辩论上发表重要讲话》，《人民日报》2020年9月23日。

化选择。

人与自然是中国哲学的重要议题。自先秦诸子百家开始，中国古代思想家们都对这一问题进行过深入的探讨。随着这些思想不断交汇融合，形成了中华文明独特的生态哲学。

道家强调"天人一体""道法自然"，强调"万物并生"、类无贵贱；强调"无有之用""因任自然"，强调"无为而治"、返璞归真。对于道家而言，"道"是宇宙的本源，是万物运动变化的基本规律。"无为而治"不是什么都不干，而是要遵循"道"，按照自然规律办事。人类行为遵从自然规律发展，天人关系就达到最高境界。人类过度干预自然，违背了自然的本性和常态是不可能持久的。

儒家把人和自然的关系叫作"天人之际"，同样追求"天人合一"，其内涵是服从自然规律，天下万物各得其位，各种生命并育生长不相害，生生不息，繁荣昌盛。另外，儒家认为人和天地万物有一定的差异性。人类作为"万物之灵"，处于实际的支配地位，则对于自然万物，人们就应该"德及禽兽""泽及草木"，应承担起个人生存之外的更大责任。

中华传统文化在人与自然、人与人之间的关系，在未来社会构想方面与马克思主义有许多相契合之处。中华传统文化在人与自然的关系上强调"天人合一"，在人与人的关系上要求"和睦相处"，在人与社会的关系上崇尚"合群济众"，这与马克思强调"人和自然界之间、人和人之间的矛盾的真正解决"是高度一致的。

中华传统生态哲学思想的出现与中国人的生态保护实践密不可分。春秋时，管子就根据当时的实践提出了封禁保护自然资源的治理思想，如"当春三月……毋杀畜生，毋拊卵，毋夭英，毋拊芋，所以息百长也"[1]。到秦朝时，正式制定了我国第一部环境保护法《田律》，它规定了土地的分配，也详细规定了农林牧渔业的生产规范，还明确了出现自然灾害时的应对措施，全面保障了跟自然环境密切相关的早期经济活动的稳定。在周

---

[1] 刘柯、李克和译注：《管子译注》，黑龙江人民出版社 2003 年版，第 341 页。

代，中国出现了世界上最早的环境保护行政机构，即专门掌管山林川泽的虞部。虞官分为山虞、水虞、兽虞等，衡官则分为林衡、川衡等。虞衡机构制定管理自然资源的政令，并由虞官和衡官负责执行。时代变迁，虞衡制度跨越不同的历史时期而持续了约3000年，在漫长的实践中，为维护中国的生态、资源与环境起到了重要的作用。

中华传统文明建立在高度成熟的农耕文明基础之上，在对自然的适应和改造中，中国人得以较为充分地了解自然规律的客观限制和人类自身的主观能动性，在生态哲学和制度的影响下，形成了具有整体性、系统性、平衡性等特点的中国传统生态思维模式。例如，中文里大量存在体现生态思维的词句。"春华秋实""落叶归根"表现的是对自然规律的尊重；"竭泽而渔""杀鸡取卵"表现的是对短视行为的批判；"留得青山在，不怕没柴烧"则是典型的可持续发展思想。相应的，中国人的审美也是从自然中来，到自然中去。人们用自然山水借景抒情、托物言志，追求"知人知物知天，知天知物知人"的状态。对于中国人而言，赞美自然的品格，就是赞美人的品格；赞美自然的精神，就是赞美人的精神；所谓"天地有大美而不言，圣人有大德亦不言"，这是人与自然价值的高度统一。中国知识分了的理想生活状态之一是"世外桃源"，是弹奏着"高山流水"，与"梅妻鹤子"相伴，"且放白鹿青崖间"。

在知识精英的学术化表达之外，中国人的生态文化也体现在生活和生产的各个方面。早在《诗经》中就出现了"瞻彼阪田，有菀其特"①的描述。阪田就是具有重要水土保持功能的梯田，使人们在山区耕作而不形成水土流失，唐代以后在稻作区逐渐普及。广西龙脊梯田和云南元阳梯田分别是世界重要农业文化遗产和世界文化遗产，至今依然保持着良好的生产功能。目前，山区绿化普遍采用的鱼鳞坑技术就是梯田的不同应用形式。中华传统饮食强调时令与（本土）产地，这与现代生态环境保护所提倡的减少食物生产和运输能耗有着高度的一致性。中国传统文化推崇节

---

① 王秀梅译注：《诗经（下）：雅颂》，中华书局2015年版，第421—430页。

俭朴素的消费观，"一粥一饭，当思来处不易；半丝半缕，恒念物力维艰"，这与现代生活对消费主义的反思有着相同的内涵。

现代生产和生活方式的变化，并不意味着中华传统生态思想和生态智慧濒临失效。恰恰相反，现代人口、资源与环境问题的具体表现虽然与农耕文明时代大相径庭，但人与自然的核心矛盾没有发生变化。和谐、平衡、有序等中国传统生态思想之要义，与现代科学研究所揭示的自然生态规律高度一致。中国的生态文化传统和技术知识储备，是中国特色社会主义生态文明建设的重要历史文化根基，也正是助力我们建设美丽中国，继而为全人类贡献中国智慧的独特优势。

第 五 章

中国特色社会主义道路的世界历史意义

中国特色社会主义道路实际上是一条独特的中国走向现代文明的道路（在本章称为"中国道路"）。它包含两个关键词：一是"社会主义"，它规定了这条道路的根本性质；二是"中国特色"，它凸显了这条道路的民族特色。这两者内在地相互规定，共同呈现了探索中国道路的必然性和必要性。之所以强调是社会主义道路，是为了与资本主义道路相区别，明确其完成现代化目标的路径选择。而强调中国特色，不是要陷入民族狭隘性，相反恰恰体现了对民族狭隘性的否定和超越。因为中国道路是在全球化的世界环境中逐步生成和开拓前进的，必然会产生世界性的影响。因此，探讨中国道路的世界历史意义，在世界历史坐标系中找准中国道路的历史方位，才能真正坚定道路自信、增强道路自觉。

第一节 开辟了现代化发展新路径

中国道路的根本目标是实现现代化，它所展现出来的世界意义必然与现代化有关。之所以说实现现代化是中国道路的根本目标，是因为如黑格尔所说，现代性作为世界历史的必然环节，"在它的那个阶段获得了它的绝对权利"[①]。现代性不仅开辟出了"世界历史"，而且确立了世界历史

[①] ［德］黑格尔：《法哲学原理》，范扬、张企泰译，商务印书馆 1961 年版，第 353 页。

由此建立起的统治—依附关系，正像它使"农村从属于城市一样，它使未开化和半开化的国家从属于文明的国家，使农民的民族从属于资产阶级的民族，使东方从属于西方"①。一般情况下，人们把这个进程叫作现代化。因此，中国道路正在展现出来的世界意义，固然是完成现代化任务，但又不止于此——它正在积极地开辟一条新的现代化道路，而这条新的现代化道路是超越现代性的。

一、打破了"现代化＝西方化"的神话

如前所述，现代化在起源上的西方属性和进步性，使得西方成功书写了现代化的经典版本。作为后发现代化国家，中国在追求现代化的进程中不可避免地会受到西方现代化的影响和制约。始于 19 世纪中叶的中国现代化就是在西方的军事、经济、政治和文化胁迫下被动开始的。特殊的历史境遇和时代条件，更加重了中国现代化的艰难性和曲折性。经过曲折的探索，中国决定性地选择了社会主义方向。之所以选择社会主义方向，是因为对于中国的现代化发展来说，其现实的发展道路的可能性首先表现为下述不可能性——它不可能按照西方资本主义现代化道路实现自身现代化。与植根于个人主义、自由主义文化基因的西方现代文明不同，中国文化突出集体性、和平性、开放性，这表明中国的发展不可能完全进入到西方资本主义文明中去。因为原子式的个人——这一构成西方文明的重要前提，在中国的文化土壤中还没有产生出来，也不可能产生出来。中国数千年"和合"文化的传统，决定了中国不可能在社会总体上塑造出这种原子式的个人，也不存在像西方那样个人主义、自由主义滋生的土壤。因此，对于现代化进程中的中国来说，我们经过曲折的探索决定性地选择了社会主义方向，坚持走社会主义道路。"如果中国的社会主义能够成功地建立一个不同于西方资本主义的选择，这毫无疑问对全球的任何一个地方

---

① 《马克思恩格斯选集》第 1 卷，人民出版社 2012 年版，第 405 页。

都是重要的，将有深远的意义。"①

中国道路的成功实践雄壮地向世界证明了，现代化发展道路的多样性而非单一性。现代性可以具有多种形态，资本主义只是其中一种模式，而不是放之四海而皆准的标准模板，正所谓"物之不齐，物之情也"。中国道路之所以成功，关键就在于将马克思主义和中国实际相结合。二战结束以后，除以苏联为代表的社会主义国家外，多数发展中国家的现代化都是仿照西方模式进行的，都把"现代化＝西方化"奉为圭臬。以毛泽东同志为主要代表的中国共产党人立足本国国情，把马克思主义和中国实际充分结合，在革命和建设道路上克服困难、取得成功。法国著名存在主义作家波伏娃在 20 世纪 50 年代访问中国后指出，中国革命的发展历程从未表现出对马克思主义的照本宣科，共产党所采用的计划正是任何现代开明的政府都会采用的，其结果令人佩服地证明了，"中国的共产主义"适合这个民族的具体需要。② 改革开放以来，以邓小平同志为主要代表的中国共产党人始终坚持马克思主义与中国实际相结合，走出了一条在社会主义基础上实现现代化的道路。这一道路既充分吸收资本主义创造的文明成果，又不照搬资本主义发展模式；既遵守现代化发展的一般规律，又遵守社会主义现代化的特殊规律，是一条融现代化、社会主义和中国特色相统一的现代化道路。邓小平提出建设"有中国特色的社会主义市场经济体制"，就是将社会主义理想与中国现实相结合，建立既不同于资本主义市场经济体制又不同于 20 世纪苏联模式的具有鲜明中国特色的社会主义市场经济体制。此后的历任中央领导人都始终清醒地坚持这一结合，从而开辟了一条在社会主义基础上实现现代化的道路。这条社会主义现代化发展道路的成功实践，也意味着西方模式——曾经被视为唯一值得效仿的发展模式——"现代化就是西方化"时代的终结。

---

① 王逢振主编：《詹姆逊文集》第 1 卷，中国人民大学出版社 2004 年版，第 356—357 页。
② 转引自沈益洪编：《萨特和波娃谈中国》，秦悦等译，浙江文艺出版社 2001 年版，第145—146 页。

二、发展性贡献：拓展了现代化途径

不可否认，中国道路所取得的巨大成就为世界发展创造了机会，有利于世界共享中国发展成果，特别是对广大发展中国家产生了强烈的示范效应。中国道路使中国从地域性存在走向世界历史性存在，并在此过程中为广大发展中国家提供了可以借鉴的发展理念和方法论。

中国道路表明，正确把握现代化发展进程中改革发展稳定的关系，对解决发展问题尤为重要。如何处理好这三者的关系，能否创造性地找到一个平衡点，直接关系到改革的成败。邓小平从中国实际出发，提出了自己的"辩证的发展观"①。其中，改革是动力，发展是目标，稳定是前提。不改革就不能发展，也不能保持长久的稳定；不发展就没有稳定，改革的目的就是发展；不稳定就谈不上发展，稳定是各项工作顺利进行的保障。所以，在实现现代化进程中，需要正确把握好改革发展稳定的关系，充分发挥好动力机制、平衡机制、治理机制的作用，相互协调、相互促进，在稳定中推进改革和发展，在改革和发展的推进中实现稳定。实际上，中国提出的计划与市场相结合、市场经济与社会主义相结合、"看得见的手"与"看不见的手"相结合的理论和实践，都是对当今世界尤其是广大发展中国家寻求经济发展道路的重要贡献。

中国道路不断发展，拓展了发展中国家走向现代化的途径，给世界上那些既希望加快发展又希望保持自身独立性的国家和民族提供了全新选择。世界上没有放之四海而皆准的发展模式，也没有一成不变的发展道路。中国道路的成功实践表明，不同国家实现现代化，必须根据本国国情确立适合自己的发展道路，所以"全面移植"是不行的。邓小平曾明确指出，"我们的现代化建设，必须从中国的实际出发。无论是革命还是建设，都要注意学习和借鉴外国经验。但是，照抄照搬别国经

---

① 张维为：《中国震撼：一个"文明型国家"的崛起》，上海人民出版社 2011 年版，第107 页。

验、别国模式，从来不能得到成功。这方面我们有过不少教训"①。冷战结束之后，不少发展中国家被迫采纳了西方模式，结果导致经济衰退、社会动荡、治理瘫痪，直到今天都难以稳定下来。正如习近平所说，"人类历史上，没有一个民族、没有一个国家可以通过依赖外部力量、跟在他人后面亦步亦趋实现强大和振兴。那样做的结果，不是必然遭遇失败，就是必然成为他人的附庸"②。从新中国成立之初的一穷二白，到今天的世界第二大经济体；从当初的睁眼看世界，到后来的叩开世界大门、逐步融入世界，再到今天走近世界舞台的中央、为世界提供中国方案，中国正在走着一条同西方发展道路迥然不同的现代化发展道路。这条道路之所以能够成功，就在于它符合本国的历史文化传统、符合现实的基本国情。

中国道路的成功实践表明，一个国家选择适合本国国情的发展道路，需要经过艰苦努力，甚至付出沉重代价。从鸦片战争之后各界有识之士开始寻找救国之路到各个阶层都广泛参与的革命运动；从康有为、梁启超发动的维新变法运动到孙中山领导的辛亥革命；从效法巴黎公社、照搬苏联模式、借鉴西方模式到探索中国模式，几代中国人为寻找适合中国国情的现代化道路付出了艰辛的努力，做出了巨大的牺牲。他们寻觅过、尝试过西方的各种思想武器，如改良主义、自由主义、社会达尔文主义、实用主义、无政府主义、民粹主义等，但这些思想无一例外地都成了历史的过客。究其原因，就在于它们都不适合中国的文化土壤，不能解决中国的实际问题。直到俄国十月革命一声炮响，给中国送来了马克思主义。由于与中国文化传统中"天下为公""以民为本""和谐万邦""天下大同"等思想天然契合，马克思主义得以在中国迅速、广泛传播。在中国化的马克思主义指导下，中国共产党带领中国人民推翻了"三座大山"，取得了"三个深刻改变"的伟大成就，实现了"三次伟大飞跃"，开辟了中国特

---

① 《邓小平文选》第三卷，人民出版社 1993 年版，第 2 页。
② 《习近平在纪念毛泽东同志诞辰 120 周年座谈会上的讲话》，《人民日报》2013 年 12 月 27 日。

色社会主义道路，取得了中国特色社会主义的辉煌成就，彰显了中国特色社会主义的巨大优越性。

总之，中国道路的成功实践打破了长期以来对西方发展模式的路径依赖，为发展中国家找到了一条实现现代化的发展路径，即必须找到符合自身国情的发展道路。20 世纪以来，发展中国家进行现代化建设的经验也告诉我们，经济文化落后的国家要想实现现代化，摆脱贫穷落后，必须制定符合实际的战略，找到符合国情的道路。

第二节　展现了人类文明发展新图景

中国道路打破了资本主义对现代化的垄断，为人类文明发展注入了"和平"的基因。资本主义本质上是暴力的、反和平的。正如沃勒斯坦所言，资本主义作用的内部逻辑——最大限度地寻求利润，总是迫使它不断扩张，从而广泛地占据整个地球。建立在此基础上的西方资本主义文明也就无法摆脱这种强权逻辑，整个人类历史图景似乎只能描述成诸"原子式的帝国"之间自然的、永恒的冲突。与此不同，中国道路的社会主义性质决定了其和平主义的基本定向，从而使中国道路深刻地体现出不同于西方道路的价值追求，开辟了华夏复兴、和平发展的人类文明进步新路。

一、跳出了西方的"国强必霸"定律

西方资本主义文明是由现代资产阶级社会即市民社会来为其定向的，市民社会以原子式的个人为前提，原子式的个人又由于各自的私利而彼此冲突和斗争。因此，市民社会的基本特征就是"一切人反对一切人的战争"，建立在此基础上的西方资本主义文明也就无法摆脱这种强权逻辑。"国强必霸"的思维方式是如此地合乎逻辑，以至于亨廷顿会把中国的崛起视作"中国争霸"，"中国的历史、文化、传统、规模、经济活力和自我形象，都驱使它在东亚寻求一种霸权地位。这个目标是中国经济迅速发

展的自然结果"①。这样的判断当然不是毫无道理。因为在现代性的框架中，现代世界的国际秩序建立在威斯特伐利亚体系基础之上，而这一体系真正说来是建立在丛林法则即弱肉强食的基础上。按照此现代性的逻辑，强大的国家不争霸是不可能的，对外扩张、自我伸张、实行帝国主义都是自然的结果。也正因为如此，当西方世界面对中国崛起时，他们根本不相信中国"决不称霸"的声言，而是将其"合乎逻辑"地视为一种战术策略或外交辞令。在他们的观念里，整个人类历史只能被描述成一部战争史，而"中国的崛起则是核心国家大规模文明间战争的潜在根源"②。

从前面的论述可知，除非中国道路能够超越现代性本身，否则中国的崛起就不能不意味着争霸或霸权战争。而之所以说中国道路是超越现代性的，是以中国的发展实际为客观依据的。首先，从实践发展看，在当今全球治理格局碎片化、反全球化势力回潮的局面下，致力于突破资本逻辑、实现全球发展正义的中国道路的历史性实践已经展开。中国积极推动"一带一路"建设、倡导构建新型国际关系、积极参与全球治理、推进现行国际秩序变革等，逐步联结遍布全球的"朋友圈"，并得到广泛支持和称赞。这些实践措施的深入推进，意味着在实践层面对现代性的批判性超越已经展开。随着这些历史性实践的展开，国家之间的合作意识、共赢意识、发展意识必将进一步加强；近代以来形成的以霸权主义、社会达尔文主义法则为基础的全球化发展格局必将被打破，并逐步形成共享共赢、公平正义的全新世界格局。其次，从文化逻辑看，中国文化一以贯之的包容性、公共性、和平性，表明中国所倡导的发展模式从古至今都是包容开放的。正如西方一千多年的基督教文化塑造了西方原子式的个人一样，中国数千年的文化传统塑造了中国人"和而不同""求同存异""海纳百川，有容乃大"的性格特征。这就决定了中国的启蒙进程不可能是个人主义

---

① ［美］塞缪尔·亨廷顿：《文明的冲突与世界秩序的重建》，周琪等译，新华出版社1998年版，第255页。

② ［美］塞缪尔·亨廷顿：《文明的冲突与世界秩序的重建》，周琪等译，新华出版社1998年版，第230页。

的兴起，中国的现代性也不可能是西方自由主义式的现代性，中国不存在"一切人反对一切人的战争"的文化土壤，也不存在强大后必然要走霸权道路的弱肉强食的文化逻辑。中国道路和中国文化的特性决定了中国的发展不能不以超越现代性为其进一步发展的现实的可能性，中国道路的实践也就跳出了西方的"国强必霸"定律。

二、文明性贡献：开辟了和平发展的新模式

亨廷顿在《文明的冲突》一书中阐述了这样的观点，冷战结束以后世界还不会太平，人类文明仍然充满着冲突。人类的文明进步难道只能在斗争和对抗中实现吗？如果说在中国道路开辟之前，人们只能对此做肯定的回答，那么在中国道路开创以后，人们完全可以作出另外的回答。中国道路是一条和平发展的道路，这条道路对人类文明更重大的意义，在于使人类文明摒弃了"独有""独霸"思维，树立了"共享""共赢"的理念，将既不以扩张主义为出发点也不以霸权主义为必然归宿的人类文明发展的新图景鲜活地展现在人类面前。

和平发展是中国道路的核心理念。邓小平在把握时代特征的基础上，明确地把和平和社会主义统一起来，正式提出了"主张和平的社会主义"的科学论断。他说："我们搞的是有中国特色的社会主义，是不断发展社会生产力的社会主义，是主张和平的社会主义。"① 江泽民同样坚定地向全世界宣布中国永不称霸，他说："中国是维护世界和平的坚定力量。中国不同任何国家或国家集团结盟，不参加任何军事集团。中国永远不称霸，永远不搞扩张，同时反对任何形式的霸权主义、强权政治和侵略扩张行为。"② 以胡锦涛同志为总书记的党中央也坚定不移地奉行和平外交政策，鲜明地提出了中国"和平崛起"的战略。习近平更是高高举起了和平主义的大旗，他在博鳌亚洲论坛2013年年会开幕式上这样说道："和平

① 《邓小平文选》第三卷，人民出版社1993年版，第328页。
② 《十四大以来重要文献选编》（上），人民出版社1996年版，第35—36页。

犹如空气和阳光，受益而不觉，失之则难存。没有和平，发展就无从谈起。""中国将通过争取和平国际环境发展自己，又以自身发展维护和促进世界和平。"① 从邓小平、江泽民、胡锦涛再到习近平，中国几任主要领导人的言论，都清楚地表达了中国人民对和平的渴望和追求，同时也清楚地向世界宣布了中国道路是一条和平发展的道路。

在探讨中国走和平发展道路的原因时，一些人会把它归结为中国传统文化的影响。确实，中华民族历来是热爱和平的民族，有着热爱和平的文化基因，中国当今的和平发展道路无疑与这种文化传统有着密切联系。但是，这种文化传统仅仅是为今天中国的和平发展道路提供了可能，要使这种可能性转变为现实性还需要一定的现实的历史条件。也就是说，今天中国的和平发展道路并不是中华文明自然的、直接的产物，而是历史的结果。中国之所以走上和平发展道路，除了中国的文化传统外，更依赖于中国的社会现实。"中国的发展道路必然是和平主义性质的，这种和平主义虽然与中国的文化传统有着密切的联系，但本质上是由中国近代以来的历史性实践为其制订方向的。由于这条道路不可能依循现代资本主义的基本建制来为自己取得全部规定，所以它在批判地澄清现代冲突与战争之主要根源的同时，为中国和平主义传统的复活与重建提供了现实的可能性。"② 中国之所以选择了一条与西方现代化截然不同的道路，就在于中国不可能依循西方资本主义——帝国主义的现代形式求得自身发展，这种不可能性恰恰为中国开启和平主义方向提供了必要前提。因为中国的发展道路不同于西方，所以中国的整个现代性建制不可能像西方那样以"原子式的个人"为基本前提，而只能诉诸"集体的力量"即人的共同体的力量，因此也就不可能像西方现代化道路那样与扩张和战争相伴随；中华文明不是以资本为原则的文明，中国的发展需要利用资本，但同时也会限制和超越

① 《共同创造亚洲和世界的美好未来——习近平在博鳌亚洲论坛 2013 年年会上的主旨演讲》，《人民日报》2013 年 4 月 8 日。
② 吴晓明：《论中国的和平主义发展道路及其世界历史意义》，《中国社会科学》2009 年第 5 期。

资本，这样中国的发展就不是征服性和权力主义的，更不会走向西方式的霸凌主义或霸权主义。总之，中国道路是一条不同于资本主义的社会主义道路，有明确的社会主义价值目标和方向。正是这种超越了资本主义现代文明的社会主义价值目标和方向，在本质上决定了中国的发展必然是一种和平的发展。

和平发展是中国特色社会主义的内在要求，体现了中国道路的本质特征，使中国道路具有了与众不同的气质和风格。由此理解中国和平发展道路，不仅具有一般的当代意义，而且具有一定的"世界历史意义"——在历史地生成的实践中开展出一种新的文明类型。这种新文明类型是扬弃了现代性的文明，是扬弃了资本主义的文明。张维为在《中国震撼》中论述了中国崛起是一个五千年连绵不断的伟大文明的复兴，是一个"文明型国家"的崛起，"这种文明型国家有能力汲取其他文明的一切长处而不失去自我，并对世界文明做出原创性的贡献，因为它本身是不断产生新坐标的内源性主体文明"①。虽然今天我们还不能对中国道路展开过程中正在生成的新文明作出断言，但这种新文明中蕴含的基本要点已经在历史发展中变得相对明晰，它的中国式表达就叫作"大道之行，天下为公"。首先，这种新文明倡导全球多元一体的共同体意识。它要求我们从世界出发，放眼全世界，在全球范围内寻求建立开放、包容、普惠、平衡、共赢的共同体。具体来说，要求我们从思想上破除自我本位意识，树立整体意识，消除对抗意识，树立合作意识，消解二元对立，使和谐共生成为可能。其次，这种新文明的根本旨向在于为新全球化时代人类的公共生活立法，破除任何可能的自我本位意识和行为，建立世界性的公共领域。在这样的公共性领域中，各个民族都有平等的话语权，各种文化都得到普遍尊重，都在整个人类所认可的普遍知识体系里占有各自的份额，真正实现各民族和谐共处。再次，这种新文明确立了人文世界的道德法则。丛林法则

---

① 张维为：《中国震撼：一个"文明型国家"的崛起》，上海人民出版社 2011 年版，第2页。

适用于崇尚强权逻辑的动物世界，它遵循的是弱肉强食、自然选择原则，推崇以力服人，追求自身利益最大化，与代表人类尊严的道德法则背道而驰。而人类命运共同体推动建立的新文明要求建立的是道德法则，摒弃和超越了动物世界崇尚的强权逻辑，其根本目的是确立和平共处、公平正义的道德准则，以德服人，构建"各美其美，美人之美，美美与共"的命运共同体。

第三节　开创了世界社会主义运动新局面

中国道路的社会主义性质决定了中国道路与世界社会主义运动有着不可分割的内在联系。邓小平曾就中国道路的开辟对世界社会主义运动产生的影响做过预言，他说到，这一道路"更重要的是向人类表明，社会主义是必由之路，社会主义优于资本主义"[1]。"中国的发展给人们指出了一条摆脱全球资本统治的出路，也使人们产生了对社会主义前景的希望。"[2]"中国目前选择并实践的模式，是唯一可以挽救和建设社会主义的模式，是唯一正确的充满希望之路。"[3] 从特定意义上说，中国道路的成功实践是社会主义在中国的"浴火重生"，提升了社会主义在整个世界的生命力、吸引力和发展力，开创了世界社会主义运动新局面。正如邓小平所说："只要中国社会主义不倒，社会主义在世界将始终站得住。"[4]

一、破解了世界社会主义运动难题

20 世纪世界社会主义运动的实践，没有像马克思主义创始人所预想的那样，首先在生产力发达的资本主义国家取得胜利，反而是一些生产力

---

① 《邓小平文选》第三卷，人民出版社 1993 年版，第 225 页。
② 陈宝：《中国特色社会主义道路在世界社会主义运动中的地位论析》，《学习与实践》2011 年第 4 期。
③ 刘洪潮等主编：《外国要人名人看中国》，中共中央党校出版社 1993 年版，第 111 页。
④ 《邓小平文选》第三卷，人民出版社 1993 年版，第 346 页。

落后的国家率先走上了社会主义道路。但是，这些经济文化落后的国家在夺取政权、确立社会主义制度之后，如何建设、巩固和发展社会主义，成为世界社会主义运动实践中和理论上的一大难题。20世纪90年代初发生的苏东剧变，不但证实了这一难题的存在，而且将这一难题更加尖锐地摆在众多国家面前。

有人把20世纪90年代初发生的苏东剧变和随之而来的世界社会主义运动陷入低谷，归结于在经济文化落后的国家建立社会主义违背了马克思的本意，这其实是一种错误的认识。众所周知，马克思晚年将研究重点逐渐转向东方，特别是对俄国的社会现实和发展走向给予了更多关注，形成了他基于俄国研究的东方社会理论。其核心观点是提出了俄国和东方落后国家可以跨越资本主义"卡夫丁峡谷"，直接进入社会主义的天才设想。在马克思看来，俄国当时所处的历史环境客观上为它提供了跨越的前提。从内部条件看，由于俄国农村公社具有二重性，土地公有制构成集体生产和集体占有的基础，同时俄国的农民习惯于劳动组合关系，便于他们从小土地经济过渡到集体经济。从外部条件看，俄国"和资本主义生产所统治的世界市场联系在一起"[1]，这样"俄国可以不通过资本主义制度的卡夫丁峡谷，而把资本主义制度的一切肯定的成就用到公社中来"[2]。因此列宁发动并领导的十月革命，和在东方落后国家进行的社会主义革命，不仅没有违背马克思的思想，而且使马克思这一设想变成了现实，也为落后国家树立了如何跨越资本主义"卡夫丁峡谷"、走向社会主义的鲜活示范。

需要指出的是，囿于当时的历史条件，马克思的东方落后国家跨越"卡夫丁峡谷"直接建立社会主义的思想只是一种设想，而不是一个肯定的科学结论，更不是说所有东方国家都可以跨越资本主义历史阶段。作为一种理论设想，马克思并没有对这种通过跨越"卡夫丁峡谷"而建立起

---

① 《马克思恩格斯全集》第19卷，人民出版社1963年版，第444页。
② 《马克思恩格斯全集》第19卷，人民出版社1963年版，第435—436页。

来的社会主义进行过详尽的论述。但可以肯定的是，这种通过跨越资本主义的"卡夫丁峡谷"建立起来的社会主义和通过资本主义基本矛盾的日益尖锐化而导致的社会主义是不同的。两者的主要区别在于前者建立在充分吸收资本主义一切积极成果的前提下，后者是资本主义经过自我否定建立起来的社会主义，不能同一而论。因此，20世纪90年代初发生的苏东剧变，其根本原因在于这些国家领导人忽视了这两种社会主义的区别，按照后者的模式来规划前者，最终导致社会主义的失败。这一惨痛的教训告诉我们，在经济文化落后的国家建立社会主义的问题虽然已经解决，但是这些国家建立社会主义后如何巩固和发展社会主义的问题并没有得到解决。

随着中国道路的成功开创，这一世界性难题终于以中国方式得以解决。其关键在于，中国道路把这两种社会主义明确区分开来。邓小平强调目前我们的社会主义是具有中国特色的，是处于初级阶段的，就是为了与马克思所描述的那种"资本主义后"的社会主义区别开来。因此也可以说，马克思在晚年提出的东方落后国家实现社会主义的设想，列宁只完成了一半，而另一半即如何将两种社会主义区别开来，按照跨越资本主义"卡夫丁峡谷"建立起来的社会主义的要求指导其建设，最终走向共产主义，中国道路切合实际地回答了这一历史难题。

今天的中国，面对如何建设社会主义这一世界难题，已经进行了成功的实践，形成了符合中国国情、具有中国特色的社会主义的"民族形式"。这一"民族形式"对所有落后国家建设社会主义都具有普遍意义。这种普遍意义首先就表现为建设立足本国国情的社会主义、不断发展生产力的社会主义、实行改革开放的社会主义。可以说，中国道路的开创，从理论到实践，全面系统地回答了社会主义发展的前途和命运问题，形成了在落后国家建设和发展社会主义的新模式，克服了传统社会主义的种种弊端，使社会主义真正具有了生命力，赢得了对资本主义的比较优势，向人类展现了社会主义制度的优越性和光明前景。中国道路的形成，不但给中国带来了发展和繁荣，而且使世界社会主义运动充满了希望。

二、和平性贡献：促进社会主义与资本主义共舞

中国道路对世界社会主义运动的另一个贡献，是重构了社会主义与资本主义的关系，开创了社会主义与资本主义和平共舞的新局面。长期以来，人们在看待社会主义与资本主义的关系问题上，普遍持对立态度。在今天这样一个以和平发展为主题的新时代，中国道路的设计者正确地意识到，要坚持和发展社会主义，必须学会与资本主义共处。现实发展也清楚地表明，社会主义与资本主义不仅是共存的问题，而且是你中有我、我中有你的问题。尽管这两种制度在意识形态上的差异是明显的，但这种差异并不意味着必须像过去那样相互对立，而是完全可以在承认世界多样性的前提下实现共同发展。随着中国的崛起，社会主义越来越焕发出生命力和优越性，社会主义与资本主义共同发展、和平共处，不应是一种权宜之计，而应是一项长期战略。正如邓小平所说，"社会主义要赢得与资本主义相比较的优势，就必须大胆吸收和借鉴人类社会创造的一切文明成果，吸收和借鉴当今世界各国包括资本主义发达国家的一切反映现代社会化生产规律的先进经营方式、管理方法"①。

中国道路是在全球化背景下重塑社会主义与资本主义的关系的。伴随着经济全球化、政治多极化、文化多元化、科技信息化的全面迅速发展，随着全球性普遍交往的广度和深度日益加强，国与国之间联系紧密、利益交融、命运与共，"你中有我、我中有你，一荣俱荣、一损俱损"的共同体时代已经来临。处于这一历史进程中的社会主义只有主动开放、积极借鉴，才能积极融入世界历史进程，在应对全球化的挑战中赢得发展机会。正如列宁所说，"社会主义能否实现，就取决于我们把苏维埃政权和苏维埃管理组织同资本主义最新的进步的东西结合得好坏"②。中国道路发展的实践也证明，只有深刻认识到发达资本主义国家毕竟内蕴着人类文明成

① 《邓小平文选》第三卷，人民出版社1993年版，第373页。
② 《列宁全集》第34卷，人民出版社1985年版，第170—171页。

果，自觉地、主动地、积极地汲取资本主义文明成果，重构社会主义与资本主义的关系，才能建立起社会主义与资本主义合作共存的关系，社会主义国家才能实现社会主义的价值追求。

当然，不可否认今天我们依然处在马克思主义所指明的历史时代，这个时代就是资产阶级时代，资本逻辑依然是全球发展的主导逻辑。在这样的世界历史环境下，中国道路构建的社会主义与资本主义的新关系，可以促使全球化向更加公正合理的全球化转变。在以往的全球化阶段，"资产阶级，由于开拓了世界市场，使一切国家的生产和消费都成为世界性的了"①。这种以资本主义生产方式的全球扩张为核心内容的全球化，一方面确立了资本主义文明在意识形态领域的绝对中心地位；另一方面也确立了现实世界由此建立起的统治—依附关系，从而使西方资本主义文明"在它的那个阶段获得了它的绝对权利"②。在"客随主便""先生教训学生"的西方文明中心论的逻辑下，随着资本按照逐利原则在全世界范围内自由游走，西方国家通过商品输出、资本输出、战争输出等方式，按照自己的面貌为自己创造出一个世界。处在这一全球化格局中的广大第三世界国家，只能面临两种选择，要么拒斥全球化，要么全面西化。事实证明，这两种选择都是没有出路的。中国道路重新塑造了社会主义与资本主义的关系，在与资本主义的良性互动中，牢牢掌握了全球化进程中的主动权。通过最大限度地吸收资本主义的一切文明成果，实现了社会主义发展中质的飞跃，改变了当代资本主义和社会主义的力量对比，引导资本主义国家主导的全球化向更公正、更合理的方向转变。

当然也必须看到，在与社会主义的竞争中，西方资本主义特别是美国出现了逆全球化潮流，试图阻挡中国等国家现代化的发展。如何在新的历史条件下处理好社会主义与资本主义的关系，依然是一个需要合理解决的世界性难题。坚定地走和平发展的中国道路，是对世界和人类发展的根本保证。

---

① 《马克思恩格斯选集》第 1 卷，人民出版社 2012 年版，第 404 页。
② ［德］黑格尔：《法哲学原理》，范扬、张企泰译，商务印书馆 1961 年版，第 353 页。

第四节 丰富了马克思主义理论新内涵

中国道路具有理论和实践双重内涵，既是马克思主义理论指导下开创的现代化实践的道路，又是不断创新与发展马克思主义理论的道路。因此，探讨中国道路的世界意义，就不能不探究中国道路对马克思主义的影响和意义。中国道路为马克思主义在当今中国展示其现实性提供了广阔的空间，确证了马克思主义的真理性，维护了马克思主义的科学声誉，谱写了马克思主义发展的新篇章，在马克思主义发展史上具有重要意义。

一、确证了马克思主义的真理性

作为一种历史性实践，中国道路确证了马克思主义的真理性，宣告了马克思主义是继续指引中国道路前进的旗帜。中国道路证明了马克思主义所作出的"资本主义必然要被社会主义所取代"的判断是正确的。20 世纪 90 年代初，当苏联宣告解体时，资本主义国家以胜利者的姿态高呼马克思主义已经"死亡"，《共产党宣言》中的结论——社会主义必然代替资本主义——已经"破产"。日裔美籍学者福山甚至抛出了"历史终结论"，妄图将资本主义自由民主定义为人类文明的终点。中国道路以自己的实践证明，马克思主义并未走向失败，社会主义也没有破产，历史更没有终结在资本主义文明。"苏联模式"只是社会主义模式的一种，由此个别的失败推导出社会主义整体的失败，不仅不符合历史发展的逻辑，而且是对马克思主义理论内在逻辑的曲解。马克思本人是坚决反对那种关于一般发展模式和世界彻底齐一化的历史哲学的，他甚至对别人把他"关于西欧资本主义起源的历史概述"彻底变成一般发展道路的历史哲学理论，视为是对他的侮辱。① 正如中国哲学所强调的："物之不齐，物之情也"。立足中国实际，以马克思主义理论为指导的中国道路取得了举世瞩目的成

① 《马克思恩格斯选集》第 3 卷，人民出版社 2012 年版，第 730 页。

就，高速的经济增长、稳定的政治生态、和谐的社会建设等图景，无不向世人昭示着马克思主义顽强的生命力和科学真理性。中国道路不仅从现实上回击了"历史终结论"，而且证明了马克思主义关于社会主义必然代替资本主义的判断没有错，人类坚持以共产主义为奋斗目标的革命的理想主义是正确的。

中国道路的开辟证明了以社会矛盾运动为基本内容的马克思主义的唯物史观是颠扑不破的真理。社会基本矛盾理论是马克思主义唯物史观的基本内容，它告诉我们，生产力和生产关系的矛盾运动是推动社会发展的基础和动力。生产力决定生产关系，同时生产关系又对生产力具有反作用。一方面要努力使适合于生产力的生产关系对生产力的发展发挥能动的反作用，即为生产力的发展提供广阔的场所；另一方面还要不断地变革生产关系，主动调节、改变不适应生产力的那部分生产关系。中国道路坚持以经济建设为中心，以发展为第一要务，就是对马克思主义的社会矛盾运动理论的实际运用。而这种运用取得的巨大成功则强有力地证实了马克思主义的社会矛盾运动理论。中国道路确认我国目前仍处于社会主义初级阶段，也是深刻把握生产关系一定要适应生产力发展这一唯物史观所揭示的基本规律的结果。正是以此科学判断为基础，中国制定了符合实际的路线、方针、政策，并在此指导下有力地促进了生产力的发展，推动了社会的进步。中国道路是在不断改革中向前发展的，而改革的实质就是根据马克思主义唯物史观关于生产力与生产关系的矛盾运动原理，主动去调节、改变不适应生产力的那部分生产关系。对于这一点邓小平曾有过清晰的论述，"社会主义基本经济制度建立以后，还要从根本上改变束缚生产力发展的经济体制，建立起充满生机和活力的社会主义经济体制，促进生产力的发展，这是改革，所以改革也是解放生产力"①。毋庸置疑，改革是中国成功的一个重要因素。而改革之所以能取得成功，关键就在于它调节和变革了不适应生产力的那部分生产关系，从而解放和发展了生产力。因此从这

---

① 《邓小平文选》第三卷，人民出版社 1993 年版，第 370 页。

一意义上说，改革是马克思主义唯物史观所展现的社会基本矛盾运动发展的必然要求。马克思主义的社会基本矛盾理论在这里又一次得到了证实。

中国道路的开辟展现了马克思主义的辩证唯物主义思想路线的巨大威力。可以说，中国道路的成功离不开辩证唯物主义思想路线的指导。没有思想路线上的拨乱反正，重新回到辩证唯物主义的"实事求是"的思想路线上来，中国道路不可能取得这么大的成就。马克思主义的这一精髓——辩证唯物主义的思想路线，借助中国道路再次获得了强有力的证明。1978年12月13日，邓小平在中共中央工作会议闭幕会上所作的题为《解放思想，实事求是，团结一致向前看》的讲话，被誉为"开辟新时期新道路、开创建设有中国特色社会主义新理论的宣言书"。这篇文献最大的贡献在于恢复了党实事求是的思想路线，解放了人们的思想，促进全党乃至整个中国遵循马克思主义的辩证唯物主义思想路线前进。党的十一届三中全会以后，中国正式走上了中国特色社会主义道路。40多年来，中国特色社会主义道路不断推进的过程也是党坚持马克思主义"实事求是"认识路线的过程。可以说，贯穿于中国特色社会主义道路的主线，就是辩证唯物主义的思想路线。邓小平曾在南方谈话中指出，"最近，有的外国人议论，马克思主义是打不倒的。打不倒，并不是因为大本子多，而是因为马克思主义的真理颠扑不破。实事求是是马克思主义的精髓。我们改革开放的成功，不是靠本本，而是靠实践，靠实事求是"①。实践发展也正如邓小平所揭示的那样，中国道路的成功完全是中国"靠实践，靠实事求是"的结果。中国道路的胜利证明了其指导思想实事求是思想路线的胜利，而实事求是思想路线的胜利又证明了马克思主义的辩证唯物主义思想路线的胜利，从而证明了马克思主义的科学性、真理性。

中国道路证实了马克思主义东方社会理论的现实性。马克思在晚年的理论研究方向发生了重大转折，他把目光转向东方，修正了过去一贯采取的普遍史观的思维方式，改变了过去基于西方经验的普遍视角，转向立足

---

① 《邓小平文选》第三卷，人民出版社1993年版，第382页。

于俄国历史环境的具体分析，提出俄国未来的发展方向，为东方社会的未来发展提供了新的参考方案。在这里，马克思大胆提出了在东方亚细亚生产方式下，资本主义化并不是唯一出路的设想。1877 年马克思在《给〈祖国纪事〉杂志编辑部的信》中，坚决抨击了俄国自由派把西欧资本主义起源的历史必然性，概述为一种彻底涵盖一切国家发展道路的历史哲学理论，从理论上否定了西方资本主义道路的普遍意义。1881 年在给俄国女革命家查苏利奇的复信中，马克思重申了这一观点，明确表示《资本论》中所揭示的资本主义产生的"历史必然性"仅限于西欧各国。基于对俄国农村公社的详细考察，马克思提出这些传统的落后国家，完全可以利用历史提供的"最好的机会"进行无产阶级革命，跨越资本主义"卡夫丁峡谷"建立社会主义，即通常我们所说的马克思主义东方社会理论。马克思提出的在落后国家实现社会主义的设想，列宁只完成了一半，只是建立起了社会主义制度。而这个设想的另一半，如何按照跨越资本主义"卡夫丁峡谷"建立起来的社会主义自身的要求指导社会主义建设，最终走向马克思所描述的社会主义和共产主义，是由中国道路的开创而逐步实现的。因此可以说，中国道路的开创使马克思的东方社会理论真正具有了现实性。

二、理论性贡献：推进马克思主义理论的新发展

作为中国马克思主义理论创新和发展的源头活水，中国道路的实践创新反过来促进了马克思主义理论的丰富和发展。

第一，基于中国生产力发展水平仍然比较低的社会现实，中国道路确立了社会主义市场经济体制，第一次把市场和社会主义结合在一起，这是立足中国实践的一种理论创新，是对马克思主义历史唯物论和政治经济学理论的新发展。在传统马克思主义那里，社会主义和市场是相对立的，坚持市场经济＝资本主义、计划经济＝社会主义。这是因为马克思所设想的社会主义是在生产力高度发达、资本主义已经完成自我否定的情况下建立的，因此在社会主义阶段，市场经济已经消失。邓小平的南方谈话和在此

基础上形成的建立社会主义市场经济体制的决定，是对传统的马克思主义政治经济学的重大突破。事实也证明，社会主义市场经济体制的确立，调动了各方面的积极性，释放了中国的经济活力，大大促进了生产力的发展。

第二，中国道路确立了公有制为主体、多种所有制经济共同发展的基本经济制度，把非公有制纳入了社会主义所有制的范畴，这是根据中国实践对马克思主义所有制理论作出的创新。在传统的马克思主义理论中，公有制被视为社会主义的主要特征，社会主义社会的所有制形式就是公有制。而在中国道路的发展历程中，中国共产党创造性地把非公有制纳入了社会主义所有制的范畴，并赋予其合法地位，这是对马克思主义政治经济学所有制理论的创新，进一步推进了对社会主义的理解。中国共产党把确立和完善以公有制为主体、多种所有制经济共同发展的基本经济制度作为一项基本国策加以贯彻执行，形成了"两个毫不动摇"的基本方针。党的十八届三中全会更是提出了"混合所有制"概念，并把混合所有制经济作为体现和坚持公有制主体地位，进一步探索基本经济制度实现形式的有效尝试。这些理论上的突破，都是立足中国实践作出的理论创新。

第三，中国道路深化了对"什么是社会主义"的认识，全面回答了社会主义的本质，突破了传统的科学社会主义理论对社会主义本质的片面理解，推动了马克思主义科学社会主义理论的发展。直到20世纪中叶，传统的科学社会主义理论还是把社会主义本质简单归结为公有制、按劳分配、计划经济三大特征。中国共产党在坚持社会主义基本制度的前提下，第一次全面回答了社会主义的本质是"解放生产力，发展生产力，消灭剥削，消除两极分化，最终达到共同富裕"[①]。这一概括从生产力的角度深刻揭示了社会主义的本质，改变了以往对社会主义机械化、片面化的理解，突破了把计划经济等原本不属于社会主义固有的东西当作社会主义本质特征的传统观念，澄清了不合乎时代进步和社会发展规律的模糊观念，

---

① 《邓小平文选》第三卷，人民出版社1993年版，第373页。

摆脱了长期以来拘泥于具体模式而忽视社会主义本质的错误倾向，深化了对社会主义本质的认识，丰富和发展了马克思主义理论。

第四，中国道路重塑了社会主义和资本主义的关系，推动和发展了科学社会主义关于社会主义与资本主义相互关系的理论。在传统的科学社会主义理论中，社会主义与资本主义是相互排斥、水火不容的。中国道路的开创，不再把资本主义视为"天敌"，而是用开放和包容的心态看待资本主义，重新定义社会主义与资本主义的关系。在如何看待与资本主义的关系问题上，中国道路既正视、警惕二者的根本区别，防止"和平演变"；同时也不自我封闭，而是积极地与资本主义进行交往，利用资本主义积极成果推动社会主义建设。这样一来，中国实际上就把自己的发展同世界文明的发展相结合起来。既有利于最大限度地吸收人类一切文明成果，同时也有利于在与资本主义的比较中坚持社会主义道路，更好地实现社会主义的价值追求。中国道路已经形成了较为完整的正确处理社会主义与资本主义相互关系的理论和实践，为世界社会主义运动正确处理二者关系提供了成功的示范。

结　束　语

　　纵览中国共产党建党一百年的光辉历程，"社会主义"是贯穿始终的主题，"马克思主义中国化"则是贯穿始终的一条主线，"主题"与"主线"相伴而生。在这一伟大的历史进程中，中国共产党带领全党和全国各族人民实现新民主主义革命的胜利从而建立了新中国、完成新民主主义社会向社会主义的过渡确立了社会主义制度、经过社会主义建设的艰辛探索进而开创了中国特色社会主义道路。我们党之所以能带领全国各族人民实现革命、建设和改革开放的伟大胜利和巨大成就，其中有一条最基本的经验就是坚持把马克思主义普遍原理与中国实际相结合，探索出一条适合中国国情的革命、建设和改革的道路。中国特色社会主义道路和道路自信，就是不断推进马克思主义中国化的必然结果，马克思主义中国化与中国特色社会主义道路，二者之间存在着与生俱来的内在统一关系。马克思主义中国化是中国特色社会主义道路产生的前提，没有马克思主义中国化，就没有中国特色社会主义道路和道路自信。同时，中国特色社会主义道路探索、开创和不断推进与发展的实践活动，又为马克思主义中国化不断开辟新境界、产生新成果提供了内生动力和现实条件。把握好马克思主义中国化和中国特色社会主义道路之间的内在关系，是我们不断推进马克思主义中国化和坚定中国特色社会主义道路自信的必然要求。

一、马克思主义中国化是中国特色社会主义道路的真理之源

马克思主义的真理光芒是永恒的。"在人类思想史上，就科学性、真理性、影响力、传播面而言，没有一种思想理论能达到马克思主义的高度，也没有一种学说能像马克思主义那样对世界产生了如此巨大的影响。这体现了马克思主义的巨大真理威力和强大生命力，表明马克思主义对人类认识世界、改造世界、推动社会进步仍然具有不可替代的作用。"① 马克思关于唯物史观和剩余价值理论的两大发现，揭示了人类社会发展的普遍规律，得出了资本主义社会必然灭亡、社会主义社会必然胜利的结论，为解放全人类和实现人的自由而全面发展指明了前进的方向。

马克思主义基本原理的科学性已经在实践中反复得到了证明。1949年7月1日，毛泽东在纪念中国共产党成立28周年大会上的讲话中指出："我们党走过二十八年了，大家知道，不是和平地走过的，而是在困难的环境中走过的，我们要和国内外党内外的敌人作战。谢谢马克思、恩格斯、列宁和斯大林，他们给了我们以武器。这武器不是机关枪，而是马克思列宁主义。"② 1956年9月，毛泽东在中国共产党第八次全国代表大会开幕词中再次指出："我国的革命和建设的胜利，都是马克思列宁主义的胜利。"③ 正是在马克思主义的指引下，中国共产党团结带领全国各族人民取得了革命、建设和改革开放的伟大胜利，成功探索、开创、推进、坚持和发展了中国特色社会主义道路，从而树立了中国特色社会主义道路自信。"时代在变化，社会在发展，但马克思主义基本原理依然是科学真理。尽管我们所处的时代同马克思所处的时代相比发生了巨大而深刻的变化，但从世界社会主义500年的大视野来看，我们依然处在马克思主义所指明的历史时代。这是我们对马克思主义保持坚定信心、对社会主义保持必胜信念的科学根据。马克思主义就是我们党和人民事业不断发展的参天

---

① 《习近平谈治国理政》第二卷，外文出版社2017年版，第65页。
② 《毛泽东选集》一卷本，人民出版社1964年版，第1358页。
③ 《毛泽东文集》第七卷，人民出版社1999年版，第116页。

大树之根本，就是我们党和人民不断奋进的万里长河之泉源。"① 马克思主义是我们党的灵魂和方向，因此在坚持以马克思主义为指导这一根本问题上，我们在任何时候任何情况下都必须坚定不移。

马克思主义从来不是教条而是发展的开放的理论。马克思主义作为普遍真理只有和各个国家的实际情况和时代特征结合起来才能成为指导实践的科学指南。马克思和恩格斯从来反对把他们提出的理论当成可以到处照搬的教条。在《给〈祖国纪事〉杂志编辑部的信》中，马克思以古代罗马平民所遭遇的命运为例说："极为相似的事变发生在不同的历史环境中就引起了完全不同的结果。"② 在这里，马克思指出，当我们在运用理论来指导实践时，必须结合具体的历史环境和条件，世界上没有万能的钥匙，因为任何科学理论都不是超历史的。恩格斯告诫人们说："马克思的整个世界观不是教义，而是方法。它提供的不是现成的教条，而是进一步研究的出发点和供这种研究使用的方法。"③ 唯物史观是科学的世界观，它揭示了人类社会发展的真正的动力，告诉我们观察人类社会和分析问题的科学方法，但它不是僵化的而是具有创造性的科学。列宁指出："我们决不把马克思的理论看做某种一成不变的和神圣不可侵犯的东西；恰恰相反，我们深信：它只是给一种科学奠定了基础，社会党人如果不愿落后于实际生活，就应当在各方面把这门科学推向前进。"④ 在列宁看来，只有把马克思主义普遍真理与各国实际结合起来，才能找到革命成功的正确道路，俄国的革命实践也证明了这一道理。

把马克思主义普遍原理与中国实际相结合，是中国革命、建设和改革开放取得成功的基本经验。1938 年，毛泽东在党的扩大的六届六中全会代表党中央作的《论新阶段》的政治报告中指出："对于中国共产党来说，就是要学会把马克思列宁主义的理论应用于中国的具体的环境。成为

---

① 《习近平谈治国理政》第二卷，外文出版社 2017 年版，第 66 页。
② 《马克思恩格斯选集》第 3 卷，人民出版社 2012 年版，第 730 页。
③ 《马克思恩格斯文集》第 10 卷，人民出版社 2009 年版，第 691 页。
④ 《列宁选集》第 1 卷，人民出版社 2012 年版，第 274 页。

伟大中华民族的一部分而和这个民族血肉相连的共产党员，离开中国特点来谈马克思主义，只是抽象的空洞的马克思主义。因此，使马克思主义在中国具体化，使之在其每一表现中带着必须有的中国的特性，即是说，按照中国的特点去应用它，成为全党亟待了解并亟须解决的问题。"① 1941年毛泽东在《反对主观主义和宗派主义》一文中强调："能使马克思主义中国化的教员，才算好教员，要多给津贴。"② 1949年3月，在中共七届二中全会上的总结讲话中，毛泽东提出"马克思主义的普遍真理与中国革命的具体实践的统一"这一论断。③ "把马克思列宁主义的理论和中国革命的实践密切地联系起来，这是我们党的一贯的思想原则。"④ 任何一个国家，在运用马克思主义理论来指导本国实践时，都必须结合本国的实际情况。既不能照搬照抄马克思主义理论，也不能照搬照抄别国经验，中国是这样，别的国家也是如此。毛泽东强调："任何外国的经验，只能作参考，不能当作教条。一定要把马克思列宁主义的普遍真理和本国的具体情况这两个方面结合起来。"⑤ 改革开放以后，邓小平同志在多次讲话中都强调了同样的道理。1982年，邓小平在中国共产党第十二次全国代表大会开幕词中指出："我们的现代化建设，必须从中国的实际出发。无论是革命还是建设，都要注意学习和借鉴外国经验。但是，照抄照搬别国经验、别国模式，从来不能得到成功。这方面我们有过不少教训。把马克思主义的普遍真理同我国的具体实际结合起来，走自己的道路，建设有中国特色的社会主义，这就是我们总结长期历史经验得出的基本结论。"⑥ 1984年，邓小平在会见马尔代夫总统加尧姆时强调："中国革命的成功，是毛泽东同志把马克思列宁主义同中国的实际相结合，走自己的路。现在

---

① 《毛泽东选集》第二卷，人民出版社1991年版，第534页。
② 《毛泽东文集》第二卷，人民出版社1993年版，第374页。
③ 《毛泽东文集》第五卷，人民出版社1996年版，第259页。
④ 《毛泽东文集》第七卷，人民出版社1999年版，第116页。
⑤ 《毛泽东文集》第七卷，人民出版社1999年版，第133页。
⑥ 《邓小平文选》第三卷，人民出版社1993年版，第2—3页。

中国搞建设，也要把马克思列宁主义同中国的实际相结合，走自己的路。"①

　　不断推进马克思主义中国化是中国特色社会主义道路自信的前提和真理源泉。习近平总书记在庆祝中国共产党成立 100 周年大会上的讲话中指出："以史为鉴、开创未来，必须继续推进马克思主义中国化。马克思主义是我们立党立国的根本指导思想，是我们党的灵魂和旗帜。中国共产党坚持马克思主义基本原理，坚持实事求是，从中国实际出发，洞察时代大势，把握历史主动，进行艰辛探索，不断推进马克思主义中国化时代化，指导中国人民不断推进伟大社会革命。中国共产党为什么能，中国特色社会主义为什么好，归根到底是因为马克思主义行！"② 只有不断推进马克思主义中国化，在理论创新与实践创新的结合中回答新时代的新问题，才能回应各种质疑和挑战，从而推进中国特色社会主义道路实践开辟新境界。党的十八大以来，以习近平同志为核心的党中央团结带领全国各族人民坚持和发展中国特色社会主义道路，"以巨大的政治勇气和强烈的责任担当，提出一系列新理念新思想新战略，出台一系列重大方针政策，推出一系列重大举措，推进一系列重大工作，解决了许多长期想解决而没有解决的难题，办成了许多过去想办而没有办成的大事，推动党和国家事业发生历史性变革"③，及时回答了时代之问和人民之问，驱散了长期困扰在人们思想中的迷雾，形成了习近平新时代中国特色社会主义思想这一科学理论。习近平新时代中国特色社会主义思想，就是马克思主义普遍原理运用于当代中国实际而产生的又一次思想飞跃，是马克思主义中国化的最新成果，是指导新时代中国特色社会主义伟大事业的行动指南。这一巨大成就的取得，是中国共产党人坚持理论联系实际，不断推进马克思主义中国

---

① 《邓小平文选》第三卷，人民出版社 1993 年版，第 95 页。
② 《习近平在庆祝中国共产党成立 100 周年大会上的讲话》，《人民日报》2021 年 7 月 2 日。
③ 习近平：《决胜全面建成小康社会　夺取新时代中国特色社会主义伟大胜利——在中国共产党第十九次全国代表大会上的报告》，人民出版社 2017 年版，第 8 页。

化进程的必然结果。坚持和发展中国特色社会主义道路，是实现中华民族伟大复兴的必由之路。立足于新时代的历史方位，着眼于民族复兴的伟大目标，在中国特色社会主义道路实践中不断推进马克思主义中国化，用马克思主义中国化最新理论成果即习近平新时代中国特色社会主义思想指导中国特色社会主义实践，是我们坚定道路自信的真理之源。

二、中国特色社会主义道路实践是推进马克思主义中国化的动力之源

回顾党的历史可以得出这样一个结论：马克思主义中国化，就是在学习和运用马克思主义总结历史、分析和解决中国革命、建设和改革实践中所面临问题的过程中产生和发展的，而今天继续推进马克思主义中国化，同样也离不开新时代的伟大实践。这个伟大实践，就是在习近平新时代中国特色社会主义思想指导下，在实现中华民族从富起来到强起来的过程中，积极应对百年未有之大变局条件下各种复杂矛盾和风险挑战的新时代中国特色社会主义实践。中国特色社会主义道路实践是推进马克思主义中国化的动力之源。

马克思主义中国化与中国特色社会主义道路实践是相伴而生的同一个过程，二者不能分离。一方面，马克思主义中国化为中国特色社会主义道路实践提供了科学的理论指导；另一方面，中国特色社会主义道路实践为推进马克思主义中国化提供了实现的动力和条件。因为我们所说的马克思主义中国化，指的就是马克思主义的普遍原理与中国实际相结合，用中国化的马克思主义来指导中国道路实践的过程。而马克思主义普遍原理与中国实际相结合的过程，就是在坚持和发展中国特色社会主义道路的实践过程中完成的。也就是说，没有中国特色社会主义道路的实践，就没有马克思主义中国化的实现土壤和客观条件。具体来说，我们运用马克思主义基本原理来指导中国特色社会主义实践的过程中，科学的理论一旦被实践主体即广大劳动人民群众所掌握，就会产生巨大的物质力量推动实践向前发展，而在实践的发展中又会产生新的矛盾和问题，当这些新矛盾和新问题被人们发现以后，又会推进理论创新和发展，以应对和化解新矛盾和新问

题带来的新挑战。理论来自于实践，又应用于实践，实践又推动着理论的向前发展。马克思主义中国化，正是扎根于中国特色社会主义伟大实践的土壤之中来完成的。坚持中国特色社会主义道路的实践，为马克思主义中国化提供了动力源泉和实现的条件。

今天我们所说的中国特色社会主义实践，是伴随着社会主要矛盾发生新变化进入新时代以后，具有新发展阶段、新发展理念、新发展格局这一鲜明时代特征的伟大实践。在党的十九大报告中，习近平总书记向全世界庄严宣告："经过长期努力，中国特色社会主义进入了新时代，这是我国发展新的历史方位。"① 站在新的历史方位，中国特色社会主义道路实践呈现出"四个新"：新矛盾、新思想、新目标和新征程。新时代面对着新矛盾。中国特色社会主义进入了新时代，我国社会主要矛盾已经转化为人民日益增长的美好生活需要和不平衡不充分的发展之间的矛盾。"新矛盾"表现为矛盾的两个方面发生了新变化。第一，"人民日益增长的物质文化需要"已经转化为"人民日益增长的美好生活需要"。第二，"落后的社会生产"已经转化为"不平衡不充分的发展"。在"新矛盾"中，"不平衡不充分的发展"是主要的矛盾方面，这已经成为满足人民日益增长的美好生活需要的主要制约因素。新时代化解新矛盾，实现新目标，踏上新征程，都离不开新思想的科学指引。"新思想"就是习近平新时代中国特色社会主义思想。习近平新时代中国特色社会主义思想，就是马克思主义中国化的最新成果，是当代中国的马克思主义，它"具有实践性、时代性、创造性的鲜明品格，是从新时代中国特色社会主义全部实践中产生的理论结晶，是推动新时代党和国家事业不断向前发展的科学指南"②。在这一科学指南引领下坚持中国特色社会主义道路的实践，就是我们继续推进马克思主义中国化的深厚土壤和动

---

① 习近平：《决胜全面建成小康社会　夺取新时代中国特色社会主义伟大胜利——在中国共产党第十九次全国代表大会上的报告》，人民出版社 2017 年版，第 10 页。
② 《中共中央政治局召开民主生活会强调　加强政治建设提高政治能力坚守人民情怀　不断提高政治判断力政治领悟力政治执行力》，《人民日报》2020 年 12 月 26 日。

力之源。

推进新时代中国特色社会主义实践，要求我们首先要深入学习和把握习近平新时代中国特色社会主义思想的精神实质，学会运用这一当代中国的马克思主义所蕴含的科学世界观和方法论来指导我们的实践。推进新时代中国特色社会主义实践，要准确把握党的十九届五中全会提出的新发展阶段、新发展理念和新发展格局的深刻内涵，运用这一个科学理论来分析新时代面临的新问题，积极应对今天抗击新冠肺炎疫情中出现的全球化危机与挑战。推进新时代中国特色社会主义实践，要求我们必须坚持党中央的集中统一领导，充分发挥中国共产党领导和我国社会主义制度的优越性，使我们国家的制度效能在国家治理中得以充分实现，解决好新时代存在的不平衡不充分问题及其带来的风险，实现社会的和谐与稳定，不断满足人民群众对美好生活的需要，使当代中国的马克思主义所蕴含的真理力量转化为巨大的物质力量。推进新时代中国特色社会主义道路实践，要求我们坚持一致性与多样性的统一，在党中央的集中统一领导下构建大统战工作格局，化消极因素为积极因素，团结一切可以团结的力量。

实践没有止境，理论创新也没有止境。当代中国的马克思主义与新时代中国特色社会主义道路实践相互融合和转化的过程，也就是马克思主义普遍原理与当代中国实际和时代特点相结合从而实现思想飞跃的新起点。在这一征程中，我们不断研究新情况、解决新问题，进而在新的实践基础上拓宽视野，推进理论创新，取得马克思主义中国化的新进展，从而不断地丰富和发展当代中国的马克思主义。

三、坚定中国特色社会主义道路自信，实现当代中国马克思主义的新境界，必须坚持中国共产党的领导

马克思主义是被实践反复验证了的科学真理，它所蕴含的世界观和方法论，一旦同人民群众改造世界的伟大实践相结合，就会转化为巨大的物质力量。在我国，这一科学理论由精神武器转化为物质力量的过程，是在中国共产党坚持解放思想、实事求是、与时俱进，运用科学理论不断寻找

化解时代问题的答案，克服前进道路上的各种困难和风险，正确应对反马克思主义思潮的挑战，不断推进马克思主义中国化和坚定中国特色社会主义道路自信的伟大进程中实现的。

不断推进马克思主义中国化，实现当代中国马克思主义的新境界，必须首先要坚定中国特色社会主义道路自信。中国特色社会主义道路，是马克思主义中国化的伟大成果，是中国共产党人在 100 年伟大实践中的创举。中国共产党成立 100 年来，在带领全国人民进行革命、建设和改革开放的伟大征程中，难免会遇到各种风险挑战甚至挫折，于是各种质疑声和杂音噪音也不绝于耳。一路走来，这些杂音噪音扰乱思想、动摇信心，对革命、建设和改革开放起着破坏作用。因此，我们必须要对那些质疑声进行回应和驳斥，与各种错误思潮进行斗争，在斗争中以澄清人们的认识，不断坚定道路自信，推进马克思主义中国化取得新成果，指引中国特色社会主义事业向前进。

回顾中国共产党 100 年的奋斗历程，中国特色社会主义道路的探索、开创、推进、拓展和发展，就是在与各个历史时期出现的各种质疑和错误思潮的斗争中不断向前推进和实现的。在从建党到中华人民共和国成立实现站起来的伟大征程中，中国共产党团结带领全国人民历经千难万险，走出了一条实现站起来的革命成功之路。在新民主主义革命最艰难的时期，面对有的人对马克思主义理论的真理性和社会主义前途提出的质疑和悲观言论，毛泽东同志在《中国的红色政权为什么能够存在？》《井冈山的斗争》《星星之火，可以燎原》等著名篇章中以深刻的分析给予了有力批评和回击，为中国革命指引了前进方向，鼓舞了革命信心和力量。从新中国成立到改革开放走向富起来的进程中，有人针对改革开放中出现的新矛盾新问题又一次对中国特色社会主义道路提出质疑，邓小平同志在多次讲话中给以明确的回应和抨击。进入新时代从富起来走向强起来的进程中，针对新时代面临的不平衡不充分矛盾及其出现的新问题，又有人对中国特色社会主义道路的科学性提出新的质疑。针对社会上的各种杂音噪音和各种错误论调，习近平总书记强调："在当代中国，坚持和发展中国特色社会主义，就是真正坚持社会主义。"① 党的十八大明确提出我们必须坚定中国特色社会主义道路自信、制度自信和理论自信。在此基础上，习近平总书记多次讲话强调文化自信是根基，从而形成了"四个自信"理论体系。

坚定中国特色社会主义道路自信，不断推进马克思主义中国化进程，实现当代中国马克思主义的新境界，必须坚持中国共产党的领导。习近平总书记指出："理论的生命力在于不断创新，推动马克思主义不断发展是中国共产党人的神圣职责。我们要坚持用马克思主义观察时代、解读时代、引领时代，用鲜活丰富的当代中国实践来推动马克思主义发展，用宽广视野吸收人类创造的一切优秀文明成果，坚持在改革中守正出新、不断超越自己，在开放中博采众长、不断完善自己，不断深化对共产党执政规律、社会主义建设规律、人类社会发展规律的认识，不断开辟当代中国马克思主义、21 世纪马克思主义新境界！"② 回顾马克思主义中国化和中国特色社会主义实践的历史进程，马克思主义中国化是中国特色社会主义道路自信的真理之源，中国特色社会主义实践是推进马克思主义中国化的动力之源，而无论是真理的探索还是动力的驱动，都是在中国共产党的坚强领导下实现的。中国共产党领导是中国特色社会主义最本质的特征，是中国特色社会主义制度的最大优越性，是我们回应各种质疑和挑战的定心丸，是应对风险挑战的主心骨。

---

① 《习近平谈治国理政》，外文出版社 2014 年版，第 9 页。
② 《习近平谈治国理政》第三卷，外文出版社 2020 年版，第 76 页。

主要参考文献

《马克思恩格斯文集》第 1—10 卷，人民出版社 2009 年版。

《马克思恩格斯选集》第 1—4 卷，人民出版社 2012 年版。

《列宁选集》第 1 卷，人民出版社 2012 年版。

《毛泽东文集》第一、三、五、七卷，人民出版社 1993 年版、1996 年版、1999 年版。

《毛泽东选集》第一至四卷，人民出版社 1991 年版。

《邓小平文选》第一至三卷，人民出版社 1994、1993 年版。

《邓小平年谱（1975—1997）》（上），中央文献出版社 2004 年版。

《陈云文选》，人民出版社 1984 年版。

《江泽民文选》第一至三卷，人民出版社 2006 年版。

《胡锦涛文选》第一至三卷，人民出版社 2016 年版。

《习近平谈治国理政》，外文出版社 2014 年版。

《习近平谈治国理政》第二卷、第三卷，外文出版社 2017 年、2020 年版。

习近平：《论坚持党对一切工作的领导》，中央文献出版社 2019 年版。

习近平：《紧紧围绕坚持和发展中国特色社会主义　学习宣传贯彻党的十八大精神——在十八届中共中央政治局第一次集体学习时的讲话》，人民出版社 2012 年版。

习近平：《决胜全面建成小康社会　夺取新时代中国特色社会主义伟大胜利——在中国共产党第十九次全国代表大会上的报告》，人民出版社2017年版。

江泽民：《高举邓小平理论伟大旗帜　把建设有中国特色社会主义事业全面推向二十一世纪——在中国共产党第十五次全国代表大会上的报告》，人民出版社1997年版。

江泽民：《全面建设小康社会　开创中国特色社会主义事业新局面——在中国共产党第十六次全国代表大会上的报告》，人民出版社2002年版。

胡锦涛：《高举中国特色社会主义伟大旗帜　为夺取全面建设小康社会新胜利而奋斗——在中国共产党第十七次全国代表大会上的报告》，人民出版社2007年版。

胡锦涛：《坚定不移沿着中国特色社会主义道路前进　为全面建成小康社会而奋斗——在中国共产党第十八次全国代表大会上的报告》，人民出版社2012年版。

《中共中央关于全面推进依法治国若干重大问题的决定》，人民出版社2014年版。

《十二大以来重要文献选编》（下），人民出版社1988年版。

《中国共产党中央委员会关于建国以来党的若干历史问题的决议》，人民出版社1981年版。

《中共中央关于坚持和完善中国特色社会主义制度　推进国家治理体系和治理能力现代化若干重大问题的决定》，人民出版社2019年版。

中共中央文献研究室编：《十八大以来重要文献选编》（上），中央文献出版社2014年版。

中共中央宣传部编：《习近平总书记系列重要讲话读本（2016年版）》，学习出版社、人民出版社2016年版。

中共中央宣传部编：《习近平新时代中国特色社会主义思想三十讲》，学习出版社2018年版。

本书编写组：《〈中共中央关于全面推进依法治国若干重大问题的决定〉辅导读本》，人民出版社 2014 年版。

中共中央宣传部编：《习近平新时代中国特色社会主义思想学习纲要》，学习出版社、人民出版社 2019 年版。

本书编写组：《党的十九届五中全会〈建议〉学习辅导百问》，党建读物出版社、学习出版社 2020 年版。

中共中央文献研究室编：《习近平关于全面依法治国论述摘编》，中央文献出版社 2015 年版。

中共中央文献研究室编：《习近平关于社会主义政治建设论述摘编》，中央文献出版社 2017 年版。

中共中央文献研究室编：《习近平关于社会主义经济建设论述摘编》，中央文献出版社 2017 年版。

中共中央文献研究室编：《习近平关于社会主义社会建设论述摘编》，中央文献出版社 2017 年版。

中共中央文献研究室编：《习近平关于社会主义文化建设论述摘编》，中央文献出版社 2017 年版。

中共中央文献研究室编：《习近平关于全面深化改革论述摘编》，中央文献出版社 2014 年版。

段忠桥主编：《马克思主义史教程》，高等教育出版社 1998 年版。

郑德荣等：《中国特色社会主义道路基本问题研究》，人民出版社 2012 年版。

石仲泉主编：《中国共产党与马克思主义中国化》，中国人民大学出版社 2011 年版。

徐崇温：《中国特色社会主义道路研究》，重庆出版社 2017 年版。

秦刚：《中国特色社会主义道路研究》，中共中央党校出版社 2017 年版。

王向明：《雄关漫道：马克思主义中国化的历史进程及其理论成果》，中国人民大学出版社 2015 年版。

贺新元：《道路——新时代中国特色社会主义道路》，人民日报出版社 2018 年版。

王明生主编：《道路自信》，江苏人民出版社 2018 年版。

崔晓麟、周丰生、谭文邦：《道路自信：中国特色社会主义道路探索与思考》，新华出版社 2019 年版。

朱峻峰：《道路自信：中国共产党与中国特色社会主义道路》，社会科学文献出版社 2013 年版。

杨光斌主编：《政治学导论》，中国人民大学出版社 2000 年版。

［英］安德鲁·海伍德：《政治理论教程》（第三版），李智译，中国人民大学出版社 2009 年版。

陈学明等：《马克思与当代中国》，中国人民大学出版社 2018 年版。

［美］萨缪尔森：《经济学》下册，高鸿业译，商务印书馆 1982 年版。

张岱年、程宜山：《中国文化与文化论争》，中国人民大学出版社 1990 年版。

［美］弗朗西斯·福山：《历史的终结及最后之人》，黄胜强、许铭原译，中国社会科学出版社 2003 版。

冯友兰：《中国哲学简史》，赵复三译，生活·读书·新知三联书店 2009 年版。

王逢振主编：《詹姆逊文集》第 1 卷，中国人民大学出版社 2004 年版。

［德］黑格尔：《法哲学原理》，范扬、张企泰译，商务印书馆 1961 年版。

张维为：《中国震撼：一个"文明型国家"的崛起》，上海人民出版社 2011 年版。

［美］塞缪尔·亨廷顿：《文明的冲突与世界秩序的重建》，周琪等译，新华出版社 1998 年版。

刘洪潮、蔡光荣主编：《外国要人名人看中国（1989—1992）》，中共中央党校出版社 1993 年版。

中共中央统战部、中央社会主义学院编：《〈社会主义学院工作条例〉学习读本》，华文出版社 2020 年版。

本书编写组：《党的十九大报告学习辅导百问》，党建读物出版社、学习出版社 2017 年版。

后　记

　　本书是中央社会主义学院（中华文化学院）的教学改革成果之一。写作组成员包括：何霜梅、吕存凯、左伟、段晶晶、陆琼。

　　本书一共分为六章。何霜梅撰写第一章、结束语以及第四章的第二节，并负责全书的统稿工作；吕存凯撰写第二章和第四章的第四节；左伟撰写第三章和第四章的第一节；段晶晶撰写第五章和第四章的第三节；陆琼撰写第四章的第五节。

　　本书是集体智慧的结晶。书稿的顺利完成和出版，离不开中央社院院领导和各位老师的大力支持与帮助！在书稿修改过程中，中共中央党校科学社会主义教研部孟鑫教授提出的修改建议对于书稿的完成具有重要帮助和启示。中国社会科学院马克思主义研究院贺新元研究员、山东大学马克思主义学院付文忠教授、温州大学马克思主义学院孙武安教授、鲁东大学马克思主义学院副院长陈自才教授都提出了宝贵的修改意见和建议。中央社会主义学院教务部王志功主任、孙照海老师和人民出版社毕于慧老师为此书出版付出了许多辛勤汗水。在此向为本书出版给予大力支持与帮助的各位领导和老师们表示衷心感谢！

　　动笔始于庚子年春节期间，正是新冠肺炎疫情在中华大地肆虐之时。接下来的撰写工作见证了抗疫的全过程，内心情感的激荡起伏始终与战疫的节节胜利相伴随。2020年是极不平凡的一年，在以习近平同志为核心的党中央坚强领导下，全国人民齐心协力、众志成城，取得了抗击新冠肺炎疫情的伟大胜利。事实胜于雄辩，抗疫战争的胜利再次彰显了中国共产党领导和社会主义制度的强大优势，使我们进一步坚定了中国特色社会主义道路自信。

在撰写过程中，我们既立足于自己的研究体会，也参考和吸收了国内有关中国特色社会主义道路和道路自信研究的相关成果。正是得益于前辈学者和时贤的艰辛探索和已有成就，我们在探索中才避免了许多弯路。在此谨向前辈学者表示衷心感谢！同时，也欢迎前辈学者和时贤及广大读者对我们呈现给大家的不免还粗陋的作品提出批评和建议！

作 者

2021 年 7 月

责任编辑：毕于慧

封面设计：王欢欢

版式设计：周方亚

图书在版编目（CIP）数据

道路自信：中国特色社会主义道路的历史根基/何霜梅等 著. —北京：
　人民出版社,2021.11
（马克思主义中国化与统一战线）
ISBN 978－7－01－023237－9

Ⅰ.①道…　Ⅱ.①何…　Ⅲ.①中国特色社会主义-社会主义建设模式-
研究　Ⅳ.①D616

中国版本图书馆 CIP 数据核字（2021）第 046011 号

道路自信：中国特色社会主义道路的历史根基

DAOLU ZIXIN ZHONGGUO TESE SHEHUIZHUYI DAOLU DE LISHI GENJI

何霜梅　等　著

人民出版社 出版发行
（100706　北京市东城区隆福寺街 99 号）

北京汇林印务有限公司印刷　新华书店经销

2021 年 11 月第 1 版　2021 年 11 月北京第 1 次印刷
开本：710 毫米×1000 毫米 1/16　印张：12.5
字数：177 千字

ISBN 978－7－01－023237－9　定价：42.00 元

邮购地址 100706　北京市东城区隆福寺街 99 号
人民东方图书销售中心　电话 （010）65250042　65289539